은사운동 이후의 침체에 대한 해독제로서의

비 전
The Vision

제럴드 코츠 지음
박 가 영 옮김

하늘사다리

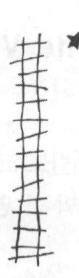

ABBA COMMUNICATION VISION

하늘사다리는 이 땅에 하나님 나라의
확장을 위해 존재하며 천국의 소망을
이어주는 가교의 역할을 하고자
합니다. 사역의 비전은 예수문화를
중심으로 하는 출판, 광고, 디자인,
문구팬시, 음악, 이벤트, 유통 등으로
이를 **아바 커뮤니케이션**
(ABBA COMMUNICATION)으로
통칭하여 펼치고자 합니다.
주님 오실 그날까지 하늘사다리는
주님을 외칠 것입니다

비 전

The Vision

Copyright © Gerald Coates 1995

Produced by Bookprint Creative Services
P.O.Box 827, BN21 3YJ, England, for KINGSWAY PUBLICATION Ltd.

Korean edition is published by permission of KINGSWAY PUBLICATION Ltd.
copyright © HANULSADARI Co. 1996

—————— 헌 사 ——————

고(故) 맬컴 머그리지에게

그의 작품과, 그 동안 나누었던 친교가
내게 한없는 축복이 되었음을 기억하면서,
그리고 레이비 재커라이어스에게
그의 저작과 또 함께 나눈 우정은
우리 주 예수님을 더욱 흥미롭고
분명히 이해하도록 해 주는 원동력이 되었다.
이보다 더 아름다운 일이 또 있을까?
두 사람에게 감사한다.

감사의 말

  내가 글쓰는 사람이 되는 데 그 동안 많은 영향을 준 사람들을 전부 모으면 너무 많아 그 모두에게 감사하기란 정말 불가능할 것 같다. 그들은 소견을 말해 주거나 대화를 통해서, 혹은 생활 태도를 통해 직접 보여줌으로써 나의 사고방식을 형성하는 데 도움을 주었다. 이 책에 직접적으로 관여한 사람들은 아니어도, 근 몇 년간을 그들로 인하여 나는 내 생각과 태도를 고치고 재정비할 수 있었다. 생명책을 가지고 계신 분께서 모든 선행과, 또 영원히 다른 이들에게 영향을 주게 된 행위들을 모두 기억하셨음을 알기에 나는 그 한 사람 한 사람에게 감사하다.

  비전에 대한 훌륭한 책을 쓴 조지 바아나(George Barna)와 성령과 성경에 대한 의견을 피력한 윌리엄 드 아르테가(William De Arteaga), 나의 예언자적 영을 의지할 수 있었던 신학 이론을 보여준 로저 포스터(Roger Forster), 그리고 존 노블(John Noble)에게 특별한 감사를 드린다. 존이 가진 분별력이 때때로 날 화나게 만들고 성가시게 했지만, 결국은 그런 경험이 나의 글과 사역에 큰 영향을 미치게 되었다.

나는 또한 킹스웨이 출판사가 베풀어 준 은혜를 감사하지 않을 수 없다. 그분들은 당시 서리 주 북동부에 있는 우리 교회 파이오니어 피플(Pioneer People)과 또 한참 자라나고 있는 파이오니어 교회 조직망, 그리고 예수 대행진(March for Jesus) 행사 등에서 점점 커지는 책임을 맡은 데다가 ACET와 파이오니어 루마니아 에이드(PLA)의 어드바이저로서, 그리고 횟수를 줄이긴 했어도 시간이 많이 걸리는 선교여행을 다니면서 이 책을 쓰느라 동분서주하던 내게 관대하게 격려해 주었다. 원고가 좀 늦게 도착했다는데 그것 때문에 큰 일은 생기지 않았기를 바란다.

그리고 '은사운동 이후의 침체(post-charismatic depression)'라는 구절을 만들어 내게 영감(靈感)을 불어넣어 준 데릭 브라운(Derek Brown)에게도 감사한다.

끝으로, 바쁜 집무 가운데 이 원고를 전담하여 타이핑해 준 비서 아만다 콜린스(Amanda Collins) 양에게 다른 이들 못잖은 감사를 전하고 싶다.

제럴드 코츠(Gerald Coates)

추천의 말

제럴드 코츠는 국제적인 교회 조직망을 관리하는 'Pioneer Trust'를 이끌고 있다. 첫째 장은 '은사운동 이후의 침체(post - charismatic depression)에 대한 해독제'에 관한 것이며, 저자는 비전이 없이는 현재의 '소생의 시기'는 나타났다가 사라지기를 반복하게 될 것이라는 우려를 표명한다. 이 책의 골자는, 세상을 위해 하나님께서 주시는 비전을 받아 안는 일과 부흥과 교회 성장의 4대 주요 열쇠(친교, 경배와 기도, 성령의 자유함, 잃어버린 영혼들을 향한 관심)를 잘 활용하는 일이 필요하다는 것이다. 매우 잘 쓰여진 책이며 생각할 거리를 주는 작품이다. 적극 추천하는 바이다.

'비전'은 소위 '토론토 축복(Toronto blessing)'이라 불리는 하나님의 새로운 활동하심에 대하여만 말하고 있는 것이 아니라, 이 '소생의 시기'가 끝나기 전에 교회뿐만 아니라 세상에도 감화를 줄 수 있는 방법을 알려주고 있는 책이다. 'Pioneer Team'의 지도자이자 'March For Jesus'의 발기에 일익을 담당한 제럴드 코츠는, 비전과 그것을 완수하기 위한 하나님으로부터 온 전략이 없이는 교회가 '은사운동 이후의 침체'로 쉽게 빠질 수 있다고 말한다. 그는 이 책을 그 침체의 해독제로 제공하고 있으며, 비전이란 단어의 성경적인 개념과 또 그것을 현실화할 수 있는 방법을 설명하고 있다. 교회 지도자라는 자신의 위치를 바탕으로 제럴드는 비전에 뒤따르는 문제들을 다루고, 이 '소생의 시기'가 이 세상의 구원으로 연결된다는 것을 확신시키기 위한 광범위한 실제적 요점들을 제시해 준다.

은사주의자들(Charismatics)의 우선 순위

은사운동 이후의 침체(post‐charismatic depression). 올더스년의 킹즈 처치의 지도자인 데릭 브라운에 의해 만들어진 이 인상적인 어구는, 제럴드 코츠의 이 주목할 만하며 현실적인 책 속에서도 가장 흥미로운 요소들 중 하나였다.

이것의 중심 전제는 부정할 수가 없는 것이다 : 오늘날 많은 곳곳에서 은사운동(the charismatic movement)은 현저하게 코스를 이탈해 방황했으며, 많은 사람들을 좌절, 실망시키고 심지어는 냉소적인 상태로까지 몰아갔다.

왜 그렇게 되었는지는 쉽게 알 수 있다. 권위주의와 통제가 하나님께서 주시는 진정한 지도력을 대신하게 되었으며, 허울만 좋은 속임수가 비전으로, 성경의 중심 진리를 분명히 해설하고 적용하는 대신 기담(奇譚)이 판치게 되었기 때문이다.

게다가, 채택한 전략들—특히 두드러지게 실패한 것들—을 비판적이고 성경적으로 평가해 보기를 꺼리는 경향이 널리 퍼진 반면, 최신의 유행을 무조건 따라 하는 경향이 생겨나 일관성 있는 거룩한 생활을 무시하게 만들어 버렸다.

'토론토 축복'의 발생은 이 불편한 추세들을 덮어 감추는 듯 했다. 그러나 부인할 수 없는 사실은 잠재된 그 언짢은 경향이 은사운동을 적잖이 괴롭히리라는 것이다.

제럴드 코츠 같이 재능 있고 확고한 신념을 가진 사람이 이 침체된 상황에 대해 언급하고 있다는 사실은, 그가 내놓고 있는 해독제만큼이나 매우 환영할 만한 일이다.

그는 다음 네 가지에 우선 순위를 두고 집중해야 한다고 제안한다 :

1. 이루어야 할 비전 ― 이것은 세상(개인 세상, 그리고 전 세계)을 주 예수님을 위한 선교지로 보는 시각을 말한다.

2. 사역의 정의 ― 예수께서 하셨듯이 사회 모든 계층의 사람들에게 (메시지) 전달하는 일을 말한다.

3. 희생의 값 ― 하나님께서 주신 비전을 따른다는 확신을 가지고 마주해야 할 문제이다.

4. 세상을 향하는 교회 ― "타인을 위한 교회가 아니라면 그 것은 교회랄 것도 없다"라고 본회퍼는 말했다. 제럴드 코츠도 수없이 강조하고 있는 이 개념은 오늘날도 여전히 유효하다.

'비전(The Vision)'은 많은 긍정적인 내용을 가지고 있다. 이것은 자극적이고 열정적이며, 실제적인 도움과 충고들로 가득하다.

― 존 피터스(John Peters)

중요 단어에 대한 간략한 해설

비전(The vision)

아직 이루어지지 않은 소망 혹은 꿈. 한 개인이나 한 교회를 계속 전진하게 만드는 중심점. 무엇보다도 비전을 가진 자는 이 세상을 그리스도를 전파할 곳으로 보는 눈을 가져야 하며, 이 종말론적인 활동이 '주 예수의 재림을 앞당길' 것이라는 인식이 확고해야 한다. 개인이 가진 비전이 전체의 비전을 보충하고 완전하게 만들어 줄 수 있다.

교회(The church)

그리스도의 나라가 임하시고 말씀이 전달되는 가장 중요한 도구가 되는 것이 바로 교회이다. 그 나라는 우리가 가진 비전으로 표현하거나 또한 이해하기에 너무도 웅대한 것이지만, 하나님의 사람들은 (관계하고 있는 조직망과 지리적인 위치를 이용하여) 예수님과 그분의 박애의 말씀을 전하고 또 이해시킬 수 있는 가장 중요한 전달 수단이 되어야 한다.

비용(The cost)

비전과 선교사역을 위해 개인적인 야망과 가능성을 희생하는 것을 말한다. 무언가 진정으로 번영하려면 그 씨앗은 반드시 썩어져야 한다. 수많은 비전이 이루어지지 못한 채 남고 선교사역이 완수되지 못하는 까닭은 바로, 사람들이 비전을 현실화시키는 데 드는 값을 치를 준비가 되어 있지 않기 때문이다. 그 값이란 근본적인 제자화(discipleship)를 뜻한다.

선교사역(The mission)

목적을 가지고 떠나는 여행이며 비전을 이루는 데 요구되는 수단. 비전을 이루기 위해 지역적, 국가적, 그리고 국제적으로 협력하여 시작해야 한다. 수많은 지체들과 교회들이 연합하여 원(circle)을 이루어 나아간다면 그 가운데 하나님께서 똑바로 나아가신다.

1. 비전을 품자

환상이었을까
아니면 백일몽이었나?
그 음악은 사라져 버리고 :
나는 깨어 있는가, 자고 있는가?

키츠(Keats)의 '나이팅게일에 부치는 송가'

왜 우리에게 '은사운동 이후의 침체(post‐charismatic depression)에 대한 해독제'가 필요한 것일까? 요즈음 수천 명의 은사주의적(charismatic) 그리스도인들이 개인적으로 큰 축복을 받으며 살고 있는 게 사실이지 않은가? 소위 말하는 '토론토 축복(Toronto blessing)'이 등장했고, 하나님께서 성령을 때로는 당혹스럽고 소란스러운 결과를 낼 정도로(자세한 내용은 7장에 있다) 충만히 부어 주심에 따라 그리스도인들은 새로이 활기를 찾아 살고 있지 않은가?

혹자는 그 동안 골치를 썩혀 왔던 문제들이 이제는 모두 해결되었다고 생각할지 모르나, 그렇지가 못하다. 끊임없이 서로 경쟁을 하고 너무 떠들어서 설교도 못 들을 정도가 되는 모임을 두고 지혜를 짜내야 하는 목회자의 고민과는 조금 다른 문제가 있다. 다음의 질문을 한 번 보라 : 우리는 개인적인 축복을 누리며 살고 있기는 하나, 과연 왜 사는 건지는 알고 있는 것일까?

내가 가장 염려하고 또 두려워하는 것은, 이 회복의 시기 (times of refreshing)—'회복'의 차원보다 더 깊이 들어가 버린 곳도 많지만—가 나타났다가 사라지기를 반복하게 될 것이라는 사실이다. 비전이 없이는, 또 그 비전을 이뤄 낼 전략이 없이는 결국 '은사운동 이후의 침체'는 더욱 심화될 것이다.

우리는 성경에 입각한 비전과 하나님께서 주시는 전략이 있어야 한다.

그러면 과연 교회에서 말하는 비전이란 무엇인가?

침체된 세상

교회 밖 세상은 참 을씨년스럽다. 몇 년 전만 해도 정치인들은 냉전 종식 후의 세상에 대한 희망과 비전으로 꽉 차 있었다. 조지 부시 미 대통령에 의해 주창된 '새 세계 질서'의 공약으로 우리는 '새 세대의 출발점'에 서 있다는 뿌듯한 믿음을 가지게 되었다. 베를린 장벽이 무너지고, 헤어져 살던 동포가 만나고, 새 무역 시장이 열렸다. 그 때는 새로운 황금시대를 준비하는 새로운 시작이었다.

그러나 무너진 것은 베를린 장벽뿐이 아니었다. 이제는

세상이 좀 달라지겠지 하는 기대도 그렇게 무너져 버렸다. 작은 모임부터 국가에, 또 종교적인 지역사회에 이르기까지 인종주의와 성차별주의, 국수주의의 문제가 (감소되기는커녕) 급속히 늘어났다. 위험은 일반적인 기대와는 달리, 사라졌다기보다는 위치를 변경했다고 보는 것이 낫다. 소련 (USSR)이 협박자로서의 이미지를 벗어버리자 이젠 중국이 가장 거대한 장기 공작원으로 등장하기 시작했다. 공산주의가 내부에서 무너져 가고 있는데, 이제 회교 원리주의가 대두하여 역사를 폭력과 유혈 사태로 장식하고 있다. 극히 소수의 사람들이 옛 분단 지점과 국경을 가로질러 화해하는 동안, 유고슬라비아 지방에서는 이십 오만 명이 학살당했고 이만 명의 회교도 여인들이 (보복의 수단으로) 계획적으로, 또 되풀이하여 폭행, 강간을 당했으며 수많은 아름다운 마을들이 공습으로 폐허가 되어 버렸다.

그 모두가 흑과 백, 노소(老少), 갈색인과 황색인, 남자와 여자, 부자(富者)와 빈자(貧者) 사이의 평화와 화목을 말하는 새 세계의 질서, 희망으로 가득 찬 발전된 미래를 향해 손잡고 함께 일하며 나가자는 새세계의 질서를 위한 것이라면 너무 심하지 않은가?

맬컴 머그리지(Malcolm Muggeridge)는 이렇게 비꼬았다. "뉴스(새 소식)의 내용은 언제나 똑같다. 다만 오늘의 이 일이 내일은 다른 사람에게 일어날 뿐이다."

완벽한 세상을 기대하는 사람은 없다. 하지만 평화로운

세상, 서로 사랑하는 세상, '좀더 부드럽고 친절한' 세상이
도래하기를 바라는 사람은 결코 적지 않을 것이다.

누가 이런 일들을 지휘하는가?

나는 내 나라 영국에서 상, 하원 의원직과 관계된 경험을
약간 한 적이 있는데, 한 가지 확신할 수 있는 것은 하원이
건 상원이건 간에 모두가 악인들로 가득한 것은 아니라는
사실이다. 돈과 명성과 개인 성취도로서 한 인간의 존재 목
적을 재는 세상에서는 인격과 청렴함과 성숙도에 있어 위
대한 남녀를 만들어 낸다는 것이 불가능하기 때문에, 혹 보
잘것없는 사람들이라고 말할 수는 있어도 말이다. 이 세상
은 그런 목표를 좇아 뛰고 있는 보잘것없는 인간들로 가득
차 있다.

예를 들어 사담 후세인은 폭군으로 보여질지는 모르나,
또한 많은 이들이 믿고는 있으면서도 감히 실행하지는 못
했던 일들을 구현하고 있는 사람으로 볼 수도 있는 것이다.
맞는 말일지도 모른다. 마돈나는 낯뜨겁고 성(性)적인 노래
가사와 공연들 때문에 많은 비난을 사지만, 사실 다수가 은
근히 마음에 품고 있는 생각들을 드러내 보여주는 것에 지
나지 않는다 : 현 문화로부터 모든 제재 사항들이 사라진
다고 가정해 보라. 언제든 원할 때 (이성과 동성을 막론하
고) 원하는 사람과 성관계를 갖고, 펑! 요술처럼 인생은 충
만해지는 것이다. 우리는 과대망상증과 음란증(淫亂症)에

걸려 날뛰게 된다. 보잘것없는 비전을 가진 보잘것없는 사람들을 좀 보라.

대부분의 세계 지도자와 영향력 있는 인물들, 일의 주모자, 세상을 쥐고 흔드는 사람들(정부 각료이건 연예인이건 간에)은 보통 보잘것없는 인물들이다. 그들이 악인이라는 뜻이 아니지만, 영적인 기준에서 보면 그들은 근본적으로, 자신이 이끌고 있는 사람들만큼이나 혼란스러워 하고 있다. 그들은 방향타 없이 바다에 표류하고 있으며, 도덕적 미로에 놓여져 헤매고 있다. 정치가들과 일해 본 나의 경험을 말하자면 그들은, 대부분 도움은 되는 사람들이지만 희망적인 사람들은 별로 없다. 그들은 지칠 줄 모르는 일꾼들인 동시, 타고난 근심꾼들이다. 걱정할 것이 무엇이 그리 많은지.

그 동안 가졌던 비전은 이제 희미해지고 사라지려 한다. 일시적인 충동이 더 중요한 것들을 보지 못하게 만든다. 정치가들, 사업가들, 예술가, 연예인들 거의가, 자기 자신과 관계되지 않은 일에 대해선 아무런 비전도 갖고 있지 않다. 감사하게도 예외가 있지만, 그건 정말 특별한 경우이다.

우리는 미쳐 버린 세상에 살고 있다. 직장에서건 동성연애자들의 권리를 주장하는 곳이건, 종교권이건 정치권이선 간에 당파적 습성이 비전과 이성, 그리고 화합의 목소리를 지워 버린다. 그런 습성이 하나님의 음성을, 온전한 정신과 도덕, 건전함과 소망의 속삭임 또한 몰아내 버리는 것이다.

체스터튼(G.K. Chesterton)의 말을 보라. "하나님을 믿지 않게 된 인간은, 아무것도 안 믿는 게 아니라 무엇이든 다 믿게 되어 버린다."

그래서 20세기 후반을 사는 소위 양식 있다고 자부하는 사람들이 우주를 떠다니는 일단의 혹성들이 자신의 기질과 인간관계, 그리고 운명에 영향을 미친다고 믿고 있는 것이다! 이 과학의 시대에 말이다! 한 유명한 천문학자는 이렇게 빈정거렸다. "한 생명이 태어날 때 그를 이끌어 내는 간호사의 손의 힘은 온 태양계가 맞붙을 때보다 더 큰 견인력을 발휘한다." 그런데도 사실상 모든 '유명한' 신문지상에서 비과학적이며 불합리한 '별점(占)' 같은 것들이 난무하고 있는 것이다.

또, 닥치는 대로 성관계를 맺는 것이 충만함과 행복과 만족을 가져다 줄 것이라 믿는 사람들마저 있다. 미국에서 AIDS로 죽어 가는 수많은 사람들(그중 85%가 동성간, 이성간의 난교(亂交)를 통해 감염된다)이 12년간의 베트남 전쟁에서 죽은 사람들의 숫자보다 더 많다는 사실에도 불구하고 말이다. 개인적인 만족감이란 것, 그것을 위한 콘돔의 남용으로 인해 서구 세계를 통틀어 수백만의 사람들이 AIDS 양성반응자라는 사형 선고를 받았다. 대다수가 결국 AIDS의 만연으로 숨지게 될 것이다. 느리고도 섬뜩한 마지막이 아닌가.

죽음과 파멸

20세기에 가장 지대한 영향을 끼친 사상가가 틀림없는 프리드리히 니체(Friedrich Nietzsche)는 '신은 죽었다'라는 결론에 도달하였다. 어떻게 그런 결론을 얻게 되었는가에 대한 미심쩍은 이유는 젖혀 두고서, 그는 신문에 그리스도인들을 겨냥한 사나운 사설을 쓰고 그와 비슷한 강연도 했다. 그런 후에 그는 놀라운 예측을 했다. 철학적 관점에서 보아 만약 하나님이 이제 죽었다면, 그래서 정치나 경제, 정부, 예술, 산업, 교육, 의학, 가정 생활 혹은 개인적인 도덕심 안에 하나님을 위한 여지가 남아 있지 않게 된다면 두 가지 사건이 벌어질 것이라고 설명한 것이다. 첫째, 이 세기는 아마 역사에서 가장 피로 얼룩진 부분으로 남을 것이며, 둘째, 전세계적인 광란이 터져 나올 것이라는 것이다.

여러분이 굳이 역사학자가 되어 보지 않아도, 그 두 가지 예측이 이 세기에 와서 실현되었을 뿐 아니라, 지금 이 시각에도 증가하고 있다는 것을 쉽게 알 수 있으리라.

영국인 작시자 노엘 리차즈(Noel Richards)와 나는 최근에 쓴 찬송가 속에서 이 사실에 대해 곰곰이 생각해 보았다.

세상을 덮는 어둠, 압제와 부정, 고통이 심하다
나라들은 한 줌 소망 없는 절망으로 미끄러지고
많은 영혼들이 주의 이름으로 나아 오고 있건만.
이성이 스러지는 것을 바라보며

광란과 거짓으로 물들어 가네.

오소서 주 예수여 오소서
우리 기도할 때 성령을 부어 주소서
오소서 주 예수여 오소서
이 때에 우리에게 성령을 부으소서

어둠과 광란이 도처에 넘쳐 나고 있는 듯 하다. 기아난민을 살리려는 국제연합(UN)의 수고는, 죄없는 사람들은 죽이고 잠재되어 있는 적군을 먹여 살리는 결과로 끝나고 말았다. 유엔은 마치, 죽을 때가 다 된 병자나 봐주려고 파견되는 이동병원 같은 - 그야말로 이빨 빠진 호랑이 역할밖에 못 하게 되었다. 독재자나 겉만 그럴듯한 천재들에 의해 시작된 망나니짓이 세계 도처에서 계속되고 있다. 최면에 걸려 지켜보고만 있는 청중들의 갈망과 신음에도 불구하고, 찰스 크라우트함머(Charles Krauthammer)가 말한 '순전한, 흑심 없는 개입'은 전혀 없어 보이는 것이다.

이 세상은 환상적인 것과 망상이 흘려 넘쳐 아예 환각 상태에 빠져 있다. 목소리를 높여 싸우고 주먹이 오고가는 세상에서 소망을 가지기도 참 힘들다. 그럼 우리에게 남은 것은 무엇인가? 마돈나와 함께 하는 세련되고도 성(性)이 흘러 넘치는 문화? 혹은 사담 후세인과 함께 하는 새 세계 질서와 군사체제 뿐이어야 하는가?

의도만 좋다고, 시작만 좋다고 다 되는 것은 아니다. 머리에서는 이제 나올 것이 없고, 도덕적으로는 타락해 버려서, 하나님이 주신 분별력 있는 삶을 위한 기초는 썩어 들어간 정도가 아니라 아예 산산 조각나 버렸다.

내가 제안하고자 하는 것은, 이 세상에는 바로 우리를 만드신 분께서 주시는 비전이 필요하다는 사실이다. 창조의 배후에는 반드시 창조자가 있다. 인성 뒤에는 그것을 가진 인간이 있고, 아름다움의 뒤에는 아름다운 에너지가 있으며, 사랑 뒤에는 하나님의 돌보심과 연민이라는 위대한 근원이 자리잡고 있는 것이다. 디자인을 창작하는 디자이너에게도 이 문제는 물론 해당된다.

물론 무신론자는 그런 창조자나, 사랑이나 미(美)의 근원 같은 건 없다고 말할 것이다. 나는 그리스도인들이 헤쳐 나가야 할 많은 어려운 개념들이 있음을 인정한다. 특히 이 지구라는 혹성에 사는 '나'의 존재 가치는 무엇인가 이해하고자 성경을 읽는 그리스도인들이라면 더욱 그럴 것이다. 하나님께서 무(無)에서 유(有)를 창조하셨다는 것은 금방 끄덕하며 이해하기에는 어려운 개념이다. 그런데 무신론자들이 선택한 이론은 무엇인가? 무(無)가 무(無)에서 유(有)를 창조했다는 것이다!

내게 있어, 그리고 대부분의 아주 분별 있는 사람들에게 있어 그것은 금새 끄덕하며 이해하기가 더욱 더 어려운 개념이 아닌가? 나는 차라리 좀더 이치에 맞는 것을, 가장 숭고한 영혼들이 감싸안았던 개념을 포용하고 싶다 – 하나님이 계시며 진실로 우리 인간들을 돌보신다는 사실을, 그러나 우리의 범죄가, 기득권의 남용과 파벌 중심의 사고방식이 하나님의 비전과 이성의 소리를 몰아내 버렸다는 사실을 말이다.

하나님의 세계

이 지구와 그 위에서 살고 있는 민족들을 향한 최초의 비전이 있었다는 말이 정말일까? 성경에는 그렇다고 되어 있다. 우리가 성경(Bible)이라고 부르는 경전을 구성하고 있는 66권의 책들은 교리를 담은 책들은 아니다(물론 가장 귀중한 가르침을 담고 있기는 하지만). 이것은 인간의 삶에서, 가족 안에서, 민족들 안에서 역사 하시는 하나님을 정확히 기록해 놓은 책들이다. 이것은 물론 하나님의 형상을 따라 지음 받은 아담에서 시작되었고 곧 노아의 가족으로 이어졌다. 그 때는 범죄와 악이 너무도 심하여 창조주를 슬프게 하였으므로 그분은 한 가족만 남기고 직접 지으신 피조물인 인간을 심판하시고 말았다(여러분이 하나님이라면 여러분도 그럴 수 있으리라!). 그렇게 하나님은 아담이라는 한 사람에서 노아의 가족으로 옮겨가셨고, 후에는 아브라함에게 그의 씨가—그의 자손들이 '바닷가의 모래' 같이 될 것이라고 말씀하셨다. 이것은 생물학적인 인간으로서의 이스라엘 민족, 곧 유대인을 말씀하신 것이었다. 유대 사회를 속박하고 때로는 절멸시키려 시도했던 수많은 정권체제와 폭정

같은 장애물에도 불구하고 하나님께서는 당신의 언약을 행하시고 또 지켜 주셨다. 오늘날 우리는 유대계 미국인, 유대계 폴란드인, 유대계 영국인, 유대계 러시아인들을 볼 수 있다. 그들은 진실로 '바닷가의 모래'가 아니겠는가. 셀 수도 없이 많다.

후에 하나님께서는 당신의 언약을 이삭에게로, 또 다른 민족들에게로 넓히셨다. 그분은 이삭의 자손이 '하늘의 별' 만큼 될 것이라고 하셨다. 이 언약은 이제 지상의 생물학적인 민족이 아니라 천상의 민족을 두고 말하는 것이다. 아브라함은 너무 늙어 자식을 가질 수 없을 때에도 하나님께서 약속하셨기 때문에 그분께 믿음을 두었다. 우리는 그 믿음을 인하여 아브라함의 자손이 된 것이다. 오늘날에는 유대인 신자보다 비(非) 유대인 신자들이 더 많다. 대부분의 그리스도인들이 예수님 같은, 특권을 받은 이스라엘 족속이 아니다. 우리는 소망도 없고 하나님도 없었다. 유대인 아닌 이방인이었던 것이다. 그러나 하나님께서는 이제 유대인뿐만 아니라 이방인, 흑색, 백색, 황색과 갈색 피부를 가진 민족들의 하나님이 되셨다. 그리하여 피부색, 인종, 교육 수준, 사회적 지위를 막론한 모든 사람들이 함께 예수님이 가르치신 기도를 올려 드릴 수 있게 되었다. '나라이 임하옵시며, 뜻이 하늘에서 이룬 것같이 땅에서도 이루어지이다' 라고.

하나님은 아담으로 시작하셨고, 노아와 그 가족에게 축복하셨다. 그리고 아브라함의 생물학적 자녀로, 이삭으로, 그리고 아브라함같이 믿음으로 살기 원하는 모든 이들에게 - 유대인과 이방인들에게까지 당신의 뜻을 넓히신 것이다.

이것이 바로 인종주의, 성차별주의, 민족주의가 없는 천상의 왕국이다. 앞으로 임하게 될 나라 안에는 성적인 방종이나 남을 위축시키는 냉소주의자들, 혹은 생각은 그럴듯하지만 행동거지는 그렇지 못한 회의론자나 무신론자로 얼룩져 있지는 않을 것이다.

구약 성경에 나타난 비전

하나님을 섬겼던 위대한 성경의 인물들 거의 모두가 비전을 가지고 있었다.

모세는 계명(율법) 뿐만 아니라 비전도 함께 받았다. 그는 미디안 제사장 이드로의 사위로 장인의 목축을 먹이는 일을 했는데, 어느 날 불타는 떨기나무 안의 천사를 보고 왜 덤불이 타지 않는 것인지 호기심을 돋우었다. 이 이상한 현상을 두고 모세는 이렇게 말했다. "내가 돌이켜 가서 이 큰 광경을 보리라 떨기나무가 어찌하여 타지 아니하는고." 하나님께서 그에게 말씀하기 시작하신 것은 그가 '돌이켰을' 때였다(방향전환이라는 이 행위는 상징적으로 회개를 뜻한다). 그가 분명한 비전을 받고, 그 비전을 완수하기 위한 지도를 받은 것은 그 산 위에서의 만남 동안이었다. 그 부르심이-하나님께서 함께 하심으로 이스라엘 백성들을 애굽

인의 손에서 건져내 아름답고 광대한 땅으로 인도하시겠다는 비전이 그의 마음과 생각을 40년간 채우고 있었다. 어두움과 좌절, 쓸데없는 언쟁, 패배의 순간에 그를 계속 전진하게 한 것은 그 부르심과 비전이었다.

후에 여호수아도, 모세가 그랬던 것과 같은 개척자로서는 아니었지만 똑같이 비전과 연결된 부르심을 받게 되었다. 이제 자신의 죽음이 임박했음을 안 모세는 이렇게 기도했다. '여호와, 모든 육체의 생명의 하나님이시여 원컨대 한 사람을 이 회중 위에 세워서 그로 그들 앞에 출입하며 그들을 인도하여 출입하게 하사 여호와의 회중으로 목자 없는 양과 같이 되지 않게 하옵소서 여호와께서 모세에게 이르시되 눈의 아들 여호수아는 신에 감동된 자니 너는 데려다가 그에게 안수하고 그를 제사장 엘르아살과 온 회중 앞에 세우고 그들의 목전에서 그에게 위탁하여 네 존귀를 그에게 돌려 이스라엘 자손의 온 회중으로 그에게 복종하게 하라'(민 27 : 15 - 20)

모세가 장사될 때에 관한 아주 흥미로운 내용이 성경에 언급되어 있다. '모세의 죽을 때 나이 일백이십 세나 그 눈이 흐리지 아니하였고 기력이 쇠하지 아니하였더라'(신 34 : 7) 그 육체는 의심의 여지없이 영적인 면을 반영하고 있는 것이다 - 그는 비전의 사람이었다. 여호수아는 그 비전을 받아 안고 이스라엘 민족을 약속의 땅으로 인도하였다.

신약성경에 나타난 비전

신약성경으로 눈을 돌려보면, 신약의 대부분을 저술한 사도 바울이 분명한 비전의 사람으로 나타난다.

그는 많은 특권, 이를테면 선택권을 가진 사람이었다. 선택권이란 것은 종종 비전을 방해한다—도통 결정을 하지 못해 우물쭈물하게 되어 버리는 것이다. 그런 선택의 특권에도 불구하고 바울은 한결같았다. 유대인으로 태어나 헬라인들에게서 교육을 받은 그는 또한 로마 시민이기도 했다. 그는 분명 한때 결혼도 했을 것이다(그는 공회(산헤드린)의 회원이었는데 그 회원의 자격은 기혼자로 제한되었다). 그는 그리스도의 추종자들을 박해하려는 목적으로, 제사장들이 쓴 편지도 손쉽게 전해 받을 수 있었을 것이다.

영특한 호교교부(護敎敎父)인 레이비 재커라이어스(Ravi Zacharias)는 지적하기를, 유대인들은 세상에 빛을, 헬라인들은 지식을, 로마인들은 영광이라는 개념을 주었다고 했다. 하나님께서는 바울을 택하신 훌륭한 이유가 있으셨던 것이다. 그는 유대인들에게는 히브리어로, 헬라인들에게는 헬라어로, 로마인들에게는 로마어로 말할 수 있었다. 그래서 바울은 물론 유대사회의 경계를 넘어서도 복음을 널리 전할 수 있었다. 바울은 무슨 생각을 가지고 다음의 말씀을 썼겠는가? '어두운 데서 빛이 비취리라 하시던 그 하나님께서 예수 그리스도의 얼굴에 있는 하나님의 영광을 아는 빛을 우리 마음에 비취셨느니라'(고후 4 : 6) 우리는 '예수 그리스도의 얼굴'에서 빛과 지식과 영광을 얻을 수 있게 된 것이다.

바울은 어디를 가든지 열심히 사명을 다했으며, 투옥되어 고통 당했고, '셀 수도 없이' 맞았다. 유대인들로부터 서른 아홉 번이나 매질을 당하고, 막대기로 맞고, 돌로 맞고, 세 번에 걸친 파선(破船)으로 '하루 낮 하루 밤'을 바다에서 보냈다. 또한 강도 떼와 사이비 그리스도인들의 위협, 잠잘 수 없는 밤, 허기와 갈증, 심한 추위와 위험으로 고통받았다. 왜인가? 그가 비전의 사람이었기 때문이다.

사도 바울을 움직인 것은 비전과 가치 있는 생각이었으며, 또한 그것을 유대 사회와 그 때까지 소망도 하나님도 없었던 이방인들에게 전했다.

베드로는 일찌기 이방인들에게 복음을 전하라는 도전을 받았다. 환상(vision)을 보고 하나님의 음성을 듣고서, 베드로는 로마 백부장 고넬료가 보낸 사람들과 함께 그곳으로 갔다. 이방인들이었기에 물론 거리낌도 있었겠으나 베드로는 그리스도의 생애와 사역, 십자가에 죽으심과 부활을 설교하였다. 그가 설교를 할 때 성령이 '말씀 듣는 모든 사람에게 내려오시니'(행 10 : 44) 그들은 방언이 터지게 되었고 베드로는 그들에게 물로 세례를 주지 않을 수 없게 되었다. 그 후에 베드로는 예루살렘에 있는 교회의 본부에 이 놀라운 사실을 설명하기 위해 돌아갔다. 언약을 지키는 이스라엘 사회밖에 있는 자들이 하나님을 경배하고 찬양을 드리며 유대인의 하나님을 받아들였다는 사실을 말이다!

바울이 유대인들에게 복음을 전하는 동안, 베드로는 자신이 받은 소명이 이방인들에게 복음을 전하는 것임을 정말은 이해하지 못했다고 한다. 베드로는 그 복음의 경이로운 암시와 결과를 감지하지 못한 것이다.

그래서 비시디아의 안디옥에서 바울과 동료 바나바는 화가 난 유대인들과 대면하여 이렇게 말했다. '하나님의 말씀을 마땅히 먼저 너희에게 전할 것이로되 너희가 버리고 영생 얻음에 합당치 않은 자로 자처하기로 우리가 이방인에게로 향하노라 주께서 이같이 우리를 명하시되 내가 너를 이방의 빛을 삼아 너로 땅 끝까지 구원하게 하리라 하셨느니라'(행 13 : 46 - 47)

바울이 쓴 풍부하고도 개인적인 서신들에서 알 수 있듯이, 그는 적어도 다섯 번의 전도 여행을 다니면서 수없이 많은 사람들에게 그리스도를 전했으며 스물 일곱 명과 함께 팀을 조직하여 교회를 세우고, 심지어는 그 지역의 가장 높은 사람들에게까지 복음을 전했다. 그는 에게 해 지역 전부, 곧 그리스를 복음화시켰다. 그 후에 서바나(스페인)로 눈을 돌렸고, 비록 이 기간의 사역은 성경에 나와 있지 않지만, 말년에 로마 제국의 북쪽 지방의 반을 선교했다는 설이 유력하다. 기록된 마지막 2년을 보면, 그는 셋집에 살면서 '담대히 하나님 나라를 전파하며 주 예수 그리스도께 관한 것을 가르치되 금하는 사람이 없었더라' 라고 되어 있다. 그 이상은 들을 수 없지만, 전승에 따르면 결국 재판을 받고 참수형에 처해졌다고 한다.

비전의 선구자이신 예수 그리스도

무엇보다도, 새 세대와 새 세계 질서를 위한 비전, 신약성경의 구석구석을 채우고 있는 비전의 소유자가 바로 예수 그리스도시다.

그 비전은 한 인간에서 시작되어, 그 이웃과 호기심 많고 신앙심이 돈독한 유대인들의 지방조직을 감동시켜 나갔다. 예수님을 따르는 사람들—처음에는 열 두 명, 다음에는 70명, 500명—은 수없이 늘어났다. 그들은 곧 '에클레시아(ekklesia)'라고 불리게 되었다. 이것에 관해서는 좀 나중에 쓰려고 한다. 이 천국의 비전, 그리고 인간들이 그 비전으로 입문할 수 있게끔 해 주는 방법들이 평민이나 가난한 사람들이나 권리를 빼앗긴 자나 힘없는 자들뿐만 아니라, 왕족과 상인들에게도 전해지게 되었다.

이 비전은 종족을 단결시키고, 그 시대에 널리 퍼져 있던 성차별주의를 잠식해 들어갔다. 이 비전은 사람들이 성(性)이나 피부색에 근거하여 서로를 차별하지 않는 새로운 휴머니티에 관한 것이었다. 개인이나 지역사회가 더 이상 입고 있는 옷이나 사는 집이나 교통 수단이나 재정 상태에 근거해 상대방을 판단하지 않는 그런 비전이었던 것이다.

모든 것의 시작은 예루살렘에서 남쪽으로 6마일 거리인 베들레헴에서였다. 한 생명이 세상에 태어났다. 인간성을 입고 태어난 평범한 아기였다. 부모는 아기의 이름을 예수 (Jesus)라 지었는데, 헬라어로는 여호수아(Joshua) 또는 예 수아(Yeshua)가 된다. 그는 그리스도(Christ)라고도 알려졌 는데 헬라어로는 크리스토스(Christos)이며 '기름부음 받은 자'라는 의미가 있다.

과학자들은 몇 세기 동안이나, 세상은 원인과 결과의 연 속체인 닫혀진 우주라고 믿어 왔다. 그러나 하나님께서는 세상을 원인과 결과로 살아가게끔 버려 두지 않으시고, 개 인의 이기주의와 지구상 모든 나라들이 드러내고 있는 방 어적이고 또 공격적인 적개심으로 나타나는 결과에 대한 치료약을 제공해 주신 것이다. 그분은 죄를 용서하셨을 뿐 아니라 새 영을, 비전이 있는 영을—바로 성령을 모든 회개 한 죄인들에게 불어넣어 주셨다.

예수 그리스도께서는 전 생애를 아버지 하나님의 뜻을 받아 안고 이루는 데 헌신하셨다.

최근에 나는 런던 시어터(London Theatre)에서 '버디 (Buddy)'라는 뮤지컬을 보았다. 극 주인공의 전문적인 레코 딩 경력이 겨우 18개월에 지나지 않는다는 것을 알게 되었 을 때 나는 대단히 놀랐다. 하지만 얼마나 뜻깊은 18개월이 었는지. 극장을 나올 때, 정말 모두가 'Every day seems a little closer'나 'It really doesn't matter any more' 등등 극 중 노래를 흥얼거리고 있는 것 같았다. 길을 따라 내려가면 서도 'That'll be the day'나 'Peggy Sue', 'Raining in my heart'같은 곡들을 들을 수 있었다. 그 모든 것이 18개월 안에 담겨 있었다.

그러나 우리 주 예수 그리스도께서는 그 기간에 더하여 18개월 정도 더(3년) 사역을 하시고는, 한 세대가 몇 곡의 노래를 흥얼거리는 것에 그치게 하지 않으시고, 수백만의 개인사(史)를, 사회사(史)를, 그리고 결국은 서방 세계의 온 문화를 바꾸어 놓으셨다. 아프리카와 중국에서 일어난 두드러진 사건들, 그리고 문자 그대로 수천의 사람들이 매주마다 그리스도께로 돌아오는 아시아 지역 등을 볼 때, 아마 틀림없이 전 세계가 이 20세기말까지는 '한 인간의 생애(One Solitary Life)'로 인하여 감동을 받게 될 것이다.

한 개인, 가정, 그리고 지역 공동체가 그들의 비전을 영원하신 창조주이시며 구세주, 비전의 선구자에게 온전히 맡길 때 이 세상은 더 나은 곳이 될 것이다.

비전과 소망, 그리고 고통

비전은 사람들을 열중하게 만든다. 사람들을 고양시켜 더 고귀한 일을 하게 이끌고 측량하기도 힘든 큰 소망을 준다.

그러나 비전이 이루어시기 위해시는 주도면밀한 생각, 기술 습득, 함께 일하는 사람들의 능력, 고된 노동, 희생, 고통이 따른다. 비전을 이루시기 위해, 이 지구상에 새로운 인간성을 심어 주시기 위해 예수께서는 역사상 가장 잔인한 고문 기구 중의 하나라고 말해지는 로마 십자가 상(上)에서 비천한 죽음을 당하는 고통을 맛보셨다. 그리고 그 입에서는—채찍에 맞고, 수염을 뽑히고, 3인치나 되는 가시가 머리를 짓누르고 산채로 못 박힌 한 사람의 입에서는, 수십*세기를 내려오며 울려 퍼지는 그 말씀이 내뱉어졌다 : '아버지여 저희를 사하여 주옵소서 자기의 하는 것을 알지 못함이니이다'

소년일 때, 10대, 그리고 청년(이런 시기들에 관해서는 우리로선 알 도리가 없지만)이었을 때 예수께서는 성경에서 비전을 찾으시고 또 그것을 목표로 사역을 준비하셨다. 30세에 예수님은 세례를 받으셨다. 사촌인 세례 요한을 마주보며 섰을 때 그 사역은 막 시작되려는 찰나였던 것이다.

비전과 (선교)사역은 뜻이 다르다. 비전은 아직 현실화되지 않은 것이며, 사역은 목적이 있는 여행이다. 예수님의 목적 있는 여행이 막 시작되려는 순간이었다. 죄인들을 용서하시고, 병자를 고치시고, 압제 당하는 이들을 해방시키시고 가난한 자들과 함께 나누시려는 '목적'이 있는 여행을 말이다. 우주의 창조주이시며 구세주로 영접 받으시기는커녕 유대 지도자들로부터 갖은 모욕을 당하시고, 로마 군인들로부터 채찍과 고난을 당하시고 결국은 스스로 창조하신 피조물들에 의해 나무에 못 박히시게 되었다. 그러나 자신을 위해 하신 일은 아니었다. 실수나 사고도 아니었다. 순전히 고의적인 선택이었다. 만국에 구원과 용서와 온전케 됨을 가져오시기 위한 선택이었다.

적자생존이나 성취도에 의해 장악되고 있는 이 세상에서 그리스도께서는 우리 앞에 서 계시며, 우리를 붙드시고 또 이기주의나 개인적 야망과 소득을 멀리하라고 조용히 말씀하신다. 그분은 거듭난 신도들이나 아직 거듭나지 못한 자들이나 모두에게 비전을 주신다. 그것은 앞으로 올 나라의 용서와 영생과 구원의 확신에 그칠 것이 아니라, 지상 천국을 건설하는 데 동참하라는 초대의 부르심이다. 예수님은 '나라이 임하옵시며, 뜻이 하늘에서 이룬 것같이 땅에서도 이루어지이다'라고 가르치셨다. 우리 각자에게 있어서 그것은 이 지구상에서 우리가 살고, 여행하고, 기능을 다하고 여가 활동을 하는 땅을 말하는 것이고, 또 거기 살고 있는 (그분께로 인도해야 할) 사람들을 의미하는 것이다.

그러면? 은사주의자들의 열광주의에 집중해야 하는가? 아니면 냉전후 시대 침체의 해독제라면 될까? 1994년이 되기 이전에 교회 안에서 일어났던 수많은 침체기(아직도 많이 남아 있기는 하지만)는, 우리가 원하는 방식으로 생활을, 사역을, 교회를 움직이려는 이기적인 욕망에서 나온 것이었다. 그러나 우리가 한 발 물러설 때, 그분, 그리스도의 비전을 이해할 때, 그리고 우리 일정표를 밀어 두고 그 동안 가졌던 이기주의를 용서해 달라고 기도할 때야 비로소 그분의 전에 초대받게 되는 것이다. 그러면 우리는 자신이 아닌 타인을 향한 새로운 비전으로 가득 찰 수 있다. 지배가 아닌 섬기는 삶을, 획득하고 가지는 것보다는 줄 수 있는 삶을 살 수 있게 되는 것이다.

새 교회를 위한 새 비전

우리를 둘러싸고 있는 광란과 부패로 가득한, 그리스도를
거절하는 문화의 영향을 우리는 과소평가 해서는 안 된다.
청구서를 제때 지불하지 못하게 되면 경제적인 압박을 받
고 있다고 생각해도 틀린 게 아니다. 뜻대로 되지 않는 재
정 상태를 보고 있노라면 재산에 영원히 매여 버릴 것 같은
기분이 들기도 한다. 늙어 갈수록, 부모나 노쇠하신 그리스
도인 지도자들을 잃는 것도 슬프지만 우리에게도 역시 병
이 찾아온다. 가장 가슴아프고 기운 빠지는 것은 바로, 한때
친구였던 사람들이 더 이상 하나님과 동행하지 않고, 그 동
안 나누었던 우정이나 교제에서 물러나는 일이다. 경제적인
압박, 병, 실망과 기운 빠지는 일 때문에 우리는 다음과 같
은 질문을 하게 된다. 도대체 뭘 기대하며 살아야 하는가?
앞으로 남은 미래란 과거의 재방송에 그쳐버리지 않을까?
아이들이 커서 주님을 영접하지 않으려고 한다면? 정말 천
국과 지옥이 있기는 있는 걸까?

그런 상황에서 죄(은밀한 종교적 이기주의라고 할지라도)
를 짓고 싶은 마음이 강하게 고개를 들게 된다. 죄는 우리
로 하여금 우리가 그저 인간일 뿐이라는 생각으로 주저앉
게끔 유혹한다. 교회로서는 혹 이해를 한다고 하더라도, 예
수님을 모르는 사람들에게 그분을 더욱 흥미롭고 분명하게

전하는 데는 사실 아무 소용이 없는 것이다. 강렬한 영적 체험조차도 그것 스스로는 많은 사람들에게 응답을 전해 주지는 못할 것이다. 중요한 것은 우리 주님의 비전에 순종하는 일이다.

많은 교회들이, 특히 은사주의가 아닌 교회들은 별로 높은 기대를 하지 않는다. 그곳의 성도들은 감정적으로나 심리적으로, 조용하지만 질서정연한(요란하지 않은) 방식으로 교리를 배우고 옛날 찬송가로 예배드리며 기도 드린다. 거기에는 즉시 응답 받는 기도나 신유, 혹은 성령 충만해졌음을 나타내는 표현 등에 대한 기대는 거의 없다. 영적 은사도 기대하지 않고, 그런 만큼 경험하는 일도 없다.

이와는 반대로, 은사주의자들의 교회는 기대를 가지고 있다. 그러나 많은 수가 매우 비현실적이다. 몇몇을 들어보면 여러분은 아마 그들이 정부나 교육 기관이, 아니 온 문화가 다 기독교화된 듯이 생각하고 또 말하고 있다고 생각할 것이다. 기도 많이 하고 영적 전쟁을 열심히 싸우고 나가서 복음을 전하면, 그 결과로서 모든 사람들이 개종을 할 것이고 이제 아무런 반대도 없을 것이라 생각하는 것이다. 이것은 성경이 제시하는 모습이 아니다.

앞으로 나아갈 길

그럼에도 불구하고, 자기 환멸감이 성숙을 향한 길이 될 수 있다. 한계와 무능력을 자각하게 될 때 우리는 그리스도께 의지하고 성령으로부터 능력을 얻게 되는 것이다. 힘을 달라는 기도를 하고 있을 때뿐만 아니라 사는 가운데, 섬기고 설교하고 가르치는 가운데 우리가 얼마나 능력이 필요한지 하나님만이 알고 계신다. 성경과 현대사에 보면 타인보다 월등한 능력을 가졌던 사람들이 분명히 있었다.

그러나 비전을 이루기 위해 전진하는 데 가장 방해가 되는 것은 바로 과거이다.

나는 성령을 넘치도록 부어 주셔서 수천 개의 교회를 새롭게 하시고, 큰 위기를 막아 새 교회(New Churches)로 세워 주신 하나님께 감사드린다. 영국에서만 대략 1백 25만 명의 복음주의 신도들이 있고, 그중의 5분의 1은 새 교회 사람들이다. 선교 팀과 연결된 사람들도 있고 독립적으로 활동하는 사람들도 있다. 25년 전 새 교회(가정교회 : House Churches)의 수는 손으로 꼽을 수 있을 정도로 적었다.

우정, 친교, 지역 공동체, 찬양과 경배, 그리고 꼭 일어나야 할 중요한 어떤 것에 대한 믿음이 교회와 성도들을 전진케 만들어 왔다. 하지만 실수를 하고 성장과 거룩함이라는 문제에서 기대를 충족시키지 못하게 되자 실망이 커졌고, 그 실망이 만사를 지체시켜 왔다. 어떤 경우엔 거의 옴쭉달싹 못한 때도 있었다. 변화를 받아들이기 어렵게 된 것이다.

흔히들 큰 교회라고 말하는 곳에서 시무하고 있지만, 나는 그 동안 하나님께, 당신께서 사람을 보시는 방식대로 나도 그들을 보게 해 달라고 기도 드려 왔다. 교회를 다니지 않는 사람들은 잃어버린 양들이다. 그런 양들이 런던 남서부 너머의 서리 주 북동쪽에 자리잡고 있는 우리 교회 파이오니어 피플(Pioneer People) 주위에 거의 십만 명이 살고 있고, 반면 교인 수는 천 명도 안 된다. 이제 다른 분들과의 협의를 거쳐 우리는 매달 한 번 주일 저녁 예배를 취소하고, 복음을 가지고 학원을 방문해 교제를 나누는 일에 그치지 않고 이웃들을 저녁 초대하거나 지역사회의 다리 건설에 참여하거나 재미있는 행사도 열기로 결정했다. 많은 성도들이 이 생각에 반응을 보였다는 것을 말해야겠다. 대부분의 성도들은 일 때문에 매우 바쁘고 통근을 한다. 찬양 시간과 교육, 기도, 그리고 대부분의 사람들이 참여하는 몇몇 특별한 그룹을 준비하기 위해서는 아마 한 주에 적어도 두세 번은 만나야 할 것이다. 그러니 지역사회를 돕는 데 한 달에 한 번 저녁 시간 정도는 참 적당해 보인다. 그러나 한 주에 한 번의 만남도 어려워하는 소수가 있었다. 이들은 젊은이들이 아니라 나이든 어른들이었다. 그 일 때문에 우리는 신도 몇 명을 잃기까지 했다. 우리는 분명히 기독교 서적이나 카세트, 비디오 등을 가지고 있으며 성도들간의 교제도 있다. 하지만 나는 가끔씩 이런 상상을 해 본다. 20년이나 그 이상씩 그리스도인으로 살아온 사람들이 어떤 종류의 만남이든 석 달을 나가지 않았다면 그것은 그들의 영성(spirituality)이나 유용함(effectiveness)에 거의 아무런 변화도 끼칠 수 없지 않을까? 사실, '잃어버린 영혼'이라고 부르는 비신도들에 대해 자신이 얼마나 무관심했었나, 그리고 자기 자신 안에서만 얼마나 꽁꽁 묶여 있었나를 곰곰 숙고해 보는 것이 그들을 훨씬 유용하게 만들어 줄 것이다. 내가 이끄는 교회 파이오니어 피플은, 주위의 급진적인 교회들을 제외하면 가장 전진하는 교회 중 하나로 인식되고 있다. 하지만 우리는 '잃어버린 영혼들'에게 손을 내밀어 돕지 않고서는 '난 지옥이 있다는 것을 믿어'라는 말을 할 자격이 없는 것이다. 우리는 목적을 완수하지 않고서는 건강한 비전을 품고 살수가 없다. 우리가 변화에 저항할 때는 융통성 있고 급진적이라는 말을 꿈도 꿀 수 없으리라.

그러나 앞으로 나아갈 길이 있다. 채워지지 않은 기대, 완전한 실망, 중년의 위기와 권태기의 교회에 오는 위기로부터 벗어날 길이 있다.

자, 그럼 어떻게 하면 '그 길'로 옮겨갈 수 있을까? 비전에서 현실로, 소망에서 달성으로? 그게 바로 우리의 사역 내용이다!

2. 선교사역을 행하라

세상에서 가장 즐거운 일들 중의 하나는 여행이다. 하
지만 혼자 떠나는 여행이 더 좋다.
윌리엄 헤즐릿, '여행을 하며'

'혼자 여행한다'는 것은 윌리엄 헤즐릿에게만 한정된 것
이 아니라 많은 사람들이 걷고 있는 길이다. 그러나 나는,
혼자 여행한다는 것이 우리가 가진 질병을 경감시키기는
고사하고 더 심하게 만든다고 말하고 싶다. 이것은 타인들
과는 상관없이 이루어지는 독단적인 코스이며, 사회 모든
부분 부분의 의사 소통과 이해, 조화를 깨뜨리는 데 일조하
고 있는 것이다.

비전은 생기에 넘치는 것이다. 우리에게 삶을 살아가는
목적을 제시해 주고, 또 좋고 나쁜 상황에서 일정한 대상에
주의를 기울이게 해 준다. 그러나 비전이 이루어지게 하려
면 어떻게 해야 할까?

데이빗 리빙스턴(David Livingstone)은 아프리카에 복음
을 전하려는 비전을 가지고 있었다. 이것을 이루기 위해 그
는 선교사역을 떠났다. 앞장에서도 살펴보았듯이, 사역이란

'목적이 있는 여행'을 말하는 것이다.

교회의 '목적 있는 여행'이란 무엇인가? 그것은 바로 하나님의 사랑과 그리스도 예수를 모든 사람들에게—특히 힘없는 자들과 침묵하며 눌려지내는 사람들에게 더욱 흥미있고 이해하기 쉽게 전하는 것을 말한다.

그 여행은 죄인들을 용서하고, 병자를 고치고, 압제 당하는 이들과 귀신들린 자들을 해방하며, 가난한 자들과 함께 나누는 것을 의미한다. 이것은 또한 시련 가운데 있는 자들을 향한 인내, 흑암의 바다에서 길 잃은 자들을 향한 소망, 고독으로 감싸인 사람들을 향한 우정을 의미하기도 한다. 이것이 기쁜 소식—바로 복음인 것이다. 이것이 바로 하나님이 이 땅에 주시는 메시지이다.

예수 그리스도께서는 이 메시지의 완벽한 모범이 되셨다. 그분은 목적을 가진 여행을 이미 하셨고, 오늘날도 여전히 행하고 계신다.

히브리서 기자는 말하기를, 예수께서 이 땅에 오셨을 때 그분은 자신을 하나님이 쓰시는 자라 친히 생각하셨다고 했다. 그분은 비전을 품으셨고 이제 사역을 행하시는 중이었다. 시편 40편을 인용하여 예수께서는 말씀하시기를 '하나님이 제사와 예물을 원치 아니하시고 오직 나를 위하여 한 몸을 예비하셨도다 · · · 하나님이여 보시옵소서 두루마리 책에 나를 가리켜 기록한 것과 같이 하나님의 뜻을 행하러 왔나이다'(히 10 : 5, 7)

예수께서 시편 40편을 인용하여 말씀하신 것은 거의 완벽했으나, 시편의 '(구멍을 뚫은) 귀' 대신에 당신의 '몸'을 집어넣어 말씀하셨다. 유대력의 일정 시기, 특히 안식년이 되면 몇몇 노예들은 자유를 얻을 수 있었다. 그러나 그때의 노예 제도는 우리가 1950년대 미국에서 볼 수 있었던 종류의 것이 아니었다. 많은 노예, 혹은 하인들은 일종의 지휘권과 예산 등을 맡고 있는 오랫동안 일해 온 사람들이었다. 그들은 집과 직업과 맡은 임무를 송두리째 빼앗기는 것을 끔찍하게 두려워했고, 그로 인해 그들은 '자유 노예'가 되었다. 자신이 그 주인과 함께 머물기를 결정했음을 알리는 표시로 그들은 귀를 뚫었다. 그 표시로서 노예들은 주인의 보호 아래 있게 되고 주인의 도량을 생각하게 되는 식이었지만, 그것은 동시에 평생 계속되는 의무를 뜻하기도 했다.

그러면 왜 시편 40편의 '귀'라는 표현을 예수께서는 '몸'이라는 개념으로 바꾸셨을까? 글쎄, 나는 이렇게 생각해 본다. 사람의 귀를 가진다는 것은 그의 몸도 가지게 된다는 의미가 아니겠는가?

종종 내 사무실을 찾아오는 동료 하나가 있다. 그는 우리 파이오니어 목회 사역의 계획 멤버로 있는 사람인데, 모임 중 잠깐 쉴 때나 헤어지게 될 때면 자주 이렇게 말하곤 한다. "자네 귀 좀 빌려도 되겠나?" 내 귀 스스로는 생명이 없어서 그에게 걸어갈 수가 없기 때문에 내가 직접 책상에서 일어나 그에게로―은밀히 할 얘기가 있어 사무실 저쪽에서 기다리고 있는 친구에게 걸어가야 한다. 여러분이 귀를 가졌으면 그 사람을 가진 것이라는 말이 바로 이런 것이다.

그런데 그 시편을 인용하셔서 주님께서는 세 가지의 중요한 말씀을 하셨다 :

1. 그분은 자신의 신분을 성경(두루마리 책) 안에서 찾으신다.
2. 그분의 사역은 정부나 군대, 동료의 요구 혹은 부모의 뜻에 따라서가 아니라, 하나님의 뜻을 행하기 위한 것이다.
3. 그 뜻은 예수님 자신의 몸을 통하여 이루어질 것이다.

하나님의 백성들을 위해 바울이 즐겨 쓴 은유와 예증은 바로 '그리스도의 몸'이었다. 아마 이것은 그가, 바로 몸(개인적인 몸, 공동체적인 몸)이라는 매개체를 통하여 하나님의 뜻이 우선적으로 이루어진다는 것을 알고 있었기 때문일 것이다.

예수님과 그의 사역

예수 그리스도를 우리의 모범으로 삼고 보면, 우리는 그분께서 '말씀과 일(행위)과 기사(奇事)'로 사역을 완수하셨음을 보게 된다. 모든 것이 그의 몸을 통하여 완성되었다.

'예수께서 행하신 더한 이적들'에 대해 모호한 문헌들이 있고 마가복음 16장을 끝내는 말씀의 타당성에 대해서 의문까지 있어 온 것이 사실이지만, 신약 성경은 '말씀과 일과 기사'로 가득 차 있다. 우리는 그런 두세 개 문헌의 내용에 우리의 신학 기초를 둘 필요는 없다.

그리스도는 위대한 전달자(communicator)이셨다. 사실 우리가 하나님에 대해 하나 아는 것은 바로 그분께서 일찌기 인간에게 당신의 뜻을 전달하시려 우리를 택하셨다는 사실이 아닌가. 그 사실을 모른다면 우리는 아무것도 모르는 셈이다. 예언자나 제사장이나 왕들이 그랬듯이, 창조의 기적 자체가 바로 우리에게 말해 주는 것이다. 그러나 무엇보다도 하나님께서는 예수 그리스도를 통하여 우리에게 말씀하셨다. 예수는 이 잃어버린 세상에 주신 하나님의 최후의 말씀이셨다.

하여튼, 전달이란 것도 수준(level)에 따라 여러 가지로 나타난다. 아내 애노나(Anona)는 내게 포옹을 하거나 좋아하는 음식을 만들어 줄 때는 굳이 말을 필요로 하지 않는다. 그런 행동들은 말로는 할 수 없는 방법으로 그녀의 사랑과 염려와 상냥함을 전달해 주는 것이다. 그러나 집안에 불화가 있거나 하면 입맞춤이나 베이컨, 계란과 소시지, 혹은 진한 맛의 쵸콜렛 바 같은 맛있고 달콤한 것들이 그리 어울리지가 않는다! 그런 상황에서 우리는 다급하고도 성마른 말을 필요로 하게 된다.

그러므로 사역을 완수하고자 한다면 우리는 예수께서 하셨던 것처럼 각기 수준을 달리하여 전달을 할 필요가 있다.

전략이 있는 선교사역

어떤 모임이나 한 나라에 효과적으로 선교하려고 한다면, 약 천 명쯤 되는 인원에 일단의 그리스도인 그룹이 필요하다. 기독교 신앙이 보여지고 들려지고 체험되기 위해서는 그 선교할 지역에 속한 모든 문화들의 각 영역에 일련의 제자 훈련을 받고 있는 이들을 보내 행하고 보여줄 필요가 있기 때문이다.

서리 주의 파이오니어 피플 교회는 지금 몇 개의 마을을 섭렵했다. 그곳들 중에는 상류 계급이 많이 사는 곳이 있는데, 안전문을 구비하고 방문자를 꼬치꼬치 따지며 전화번호부에 번호도 올려놓지 않고 살고 있다. 그러나 (공적, 사적으로) 불편한 교통 수단을 감수하며 살아야 하고 실직자들도 만만찮은 공영 주택단지 사람들 또한 많이 알고 있다.

사람들 모임은 두 가지 수준과 관련이 있다. 첫 번째는 지리적인 것이다. 코범(Cobham)의 페어마일(Fairmile) 단지와 공영 주택단지는 서로 아무런 관계가 없다고 해도 과언이 아니다. 두 곳 다 서로에게 너무 잘못 알려져 있었고 때문에 이해하기가 쉽지 않았다. 두 번째 수준은 문화적인 것이다. 젊은이들의 문화는 점점 늘어나는 노인 인구와 거의, 아니, 아무런 관계가 없다. 선교사역에서 효과적으로 전달을 하기 위해서는 반드시 이 지리적, 문화적인 영역 안에 머물면서 (청소년이건 노인이건) 모든 이웃에게 손을 뻗쳐야 한다.

하지만 교회는 가급적이면 연령이나 목적 등의 비슷한 사람들끼리 묶는 것 외의 방법도 찾아보아야 한다. 청년들이 청년들에게 접근하는 것은 좋긴 한데, 만약 그렇게 조직된 그룹이 교회 안에 흡수될 수 없다면 그것은 청년 세대와 나머지간의 분열을 조장하게 될 뿐이다. 마찬가지로, 남 아프리카인 이든 미국인이든 흑인이든, 아직 소망도 없고 하나님도 없는 자기들과 똑같은 사람들 모임에는 손쉽게 다가갈 수 있을 것이다. 그러나 일단 그들이 신앙을 갖게 되었을 때 만약 우리가 서로 피부색이 다르다든지 하는 말을 운운한다면 우리는 단순히 성도간의 분열을 촉진하는 셈이 되며, 그들이 계속 존재하고 있다는 자체가 오해와 깔보기, 그리고 맘속에 적개심을 품게 만들어 버릴 것이다.

앞으로 나아갈 길

자, 그러면 하나님께서 주신 비전을 이루기 위해서 우리는 현재 일정과 전략, 그리고 활동을 어떻게 해 나가면 좋을까? 사역을 완수하려면 어떻게 해야 하는가?

1. 자세(Attitude)

다윗은 골리앗이라는 문제에 맞닥뜨렸다. 그가 그 문제를 대하는 자세는 "정말 크기도 하구나! 죽일 수 있을 것 같지 않아." 혹은 "와, 엄청나게 커서 도저히 못 당하겠는걸!"일 수도 있었다. 우리가 사역을 완수하려고 한다면 겸손하면서도 적극적인 자세가 필수적이다.

2. 예민함(Sensitivity)

타인에게 손길을 뻗기 위해서는 앞서가는 창조성이 필요
하다. 그러나 창조성만을 위해 창조적으로 되고자 하는 것
은 기묘한 인상을 주며 또 전달도 못하게 만든다. 한 집단
의 특이한 언어나 그리스도인들의 파당 같은 분위기는 효
과적인 전달을 방해한다. 공손하고도 예민하게, 또 분명한
태도가 이 사역에서 필수적이다.

3. 체제(Structures)

"우리가 행하는 방법이 도움이 되는가 아니면 상처를 주
는가?"라고 한번 자문해 보자. 체제는 성장을 만들어 낼 수
는 없는데 성장을 약화시킬 수는 있다. 지역 교회들의 체제
는 조금은 급진적인 시각으로 바라볼 필요가 있다. 예수께
서는 약속하시기를 우리가 열매를 많이 맺으면 우리를 깨
끗이 손질 하사 더 많은 열매를 맺도록 하시겠고, 열매 맺
지 못하면 잘라 내버린다고 하셨다! 이것이 바로 효과적이
고 목적이 있는 성장을 위한 단 한 가지 방법이다.

4. 팀(Team)

하나님께서는 뜻을 이루고자 하실 때 결코 위원회 같은
것을 소집하시지 않는다! 그분은 언제나 성령 충만한 '한 여
자'나 '한 남자'를, 사역을 감당하기 위한 용기와 기술을 가

지고 있는 그런 사람을 찾으신다. 그러나 교회는 고독한 배회자들의 경쟁 장소는 아니다. 모세는 팀을 필요로 했다. 사도 바울도 그랬고, 예수님조차 제자들에게 전도여행의 사명을 주신 즉후에 팀을 만들어 보내셨다. 팀을 통해서 우리는 격려와 안전뿐만 아니라 꼭 필요한 견제와 균형도 제공받을 수 있다.

5. 성경(Scripture)

성경 말씀에 충실하게 살기 위해서 모든 대화에 있어 성경을 인용해 말할 필요는 없다. 이 책을 읽고 있는 사람들 대다수가 자신을 복음주의자라고 부르고, 또 성경과 그 중요성에 대한 박식한 생각을 가지고 있을 것이라 나는 추측해 본다. 그러므로 이 20세기 후반이라는 시점에서 우리가 당면한 어려움은 성경의 권위에 있는 것이 아니라, 그 권위를 어떻게 우리 문화에 적절히 통번역을 하느냐 하는 것이다. 사도 바울은 아덴의 아레오바고 언덕에서 복음을 전할 때 구약 성경을 인용하는 대신에, 제우스를 위해 쓰여진 잘 알려진 크레타 시구 하나('우리가 그를 힘입어 살며 기동하며 있느니라.')를 사용했던 것이다!

6. 안정성(Stability)

사람들을 인도하고 싶다면, 그들이 일정하게 기대할 수 있는 뭔가가 있다는 것을 보여주는 것이 중요하다. 변하는 가치관, 자꾸 바뀌는 비전과 교회 직무자들이 자꾸 옮겨 다니는 것은 좋지 않다. 익숙한 표지물을 제공해 주지 못하기 때문이다. 다세대가 공존하는 회중에게서는 예고 없이 들이닥치는 곤란에 잘 대처할 수 있는 능력을 기대하기 어렵다. 그들을 모두 만족시키기 위해 이것저것 섞은 방법이 효과가 있을지 모르나, 예상하기 힘든 세대에 우리는 예상할 수 있는 표지물이 필요한 것이다.

7. 현실주의(Realism)

반드시 목표를 정하라. 하지만 현실적인 목표를 정하라. 수적(數的)인 성장과 효과적인 전도가 비현실적인 목표가 되어 성취되지 않고 남아 있을 때 침체기가 오는 것이다. 또한, 아이디어가 너무 복잡하면 많은 사람들이 그것을 성취하려는 노력조차 하지 않으려 들것이다. 현실적인 목표를 정하고 현실적인 기대를 가지면서 신앙을 성장시켜 나가도록 하자. 많은 이들이 신앙이라 불렀던 것을 난 모순이라 부르고 싶다!

8. 현실(Reality)

그리스도인으로서, 혹은 교회 지체로서 여러분은 참 자아, 진짜 자아로부터 떨어져나와서는 안된다. 사역(ministry)이라는 것은 일정한 행위를 요구하지만, 그것을 행하는 이들은 현실과 동떨어져 방황할 수가 있는 것이다. 정신을 똑바로 차려서 영적인 정신분열증이 엄습치 못하도록 하라. 삼위일체는 오직 하나님뿐임을 기억하자.

9. 인내(Patience)

씨 뿌리기는 어렵지 않지만 성장에 적당한 환경을 만들어 주는 것이 어려운 과제이다. 식물을 풍성히 자라게 하기 위해서는 인내가 필요하다. 나는 한 그룹 안에 씨가 뿌려진 시기로부터 이제 더 이상 그것에 대해 아무도 얘기할 필요가 없을 정도로 그것을 잘 이해하게 되는 시기까지, 6개월에서 2년 사이에 뭔가는 꼭 이루어질 것이라 말하고 싶다. 여러분이 어떤 그룹과 일하고 있든 간에 인내하라. 머릿속 생각이 현실이 되기 위해서는 시간이 걸린다.

10. 지지(Support)

서로 갈등하고 있을 때조차 지지자가 되도록 노력을 하라. 때때로 무관심, 혹은 관심을 보여준다고 할지라도, 사람들에 대한 이해를 우선 기반으로 하지 않으면 관계를 정립해 나갈 수가 없다. 지지를 받지 못하는 지도자는 창조적일 수도, (감히) 실수를 저지르지도 못한다. 할 수 있는 한 지지자가 되라. 교회의 지도자가, 소모임의 지도자가 한계와 부적격한 면이 있다는 것을 허락해 주라.

여행의 시작

일단 우리가 사역을 선포했다면, 우리 구역 안에서 복음을 가지고 모든 가정과 집단에게 나아가기로 작정했다면 씨는 뿌려진 것이다. 그리고 교회 안의 많은 소모임들에도 씨를 뿌려 주어야 한다. 가정에서 청년들 모임으로, 사업 토론회에서 기도 모임으로 이어지도록 하자. 여기 조금씩, 저기 조금씩, 모든 것은 압력이나 책망 없이, 거듭되는 도전으로 이루어진다. 하지만 교회는 거듭되는 도전만 먹고서는 살아남지 못한다!

일단의 사람들이 여행을 하게 되면, 지도자도 좀 바뀔 필요가 있게 된다. 지금까지 우리를 이끌어 온 것이, 앞으로 나아가고자 하는 곳으로 반드시 우리를 안내한다고 볼 수는 없다. 무수한 토론회나 체제는 손질이 되거나 아니면 잘라 내버려지거나 할 필요가 있다. 정(情)에 연연할 때가 아니다. 비전이 이루어지기 위해서는 목적 있는 여행이 반드시 시작되어야 하기 때문이다.

그러나 운동(movement)이 힘을 만들어 낼 때가, 그리고 그 힘이 분명하고도 한결같은 비전을 요구하는 때가 온다.

언젠가 클라크 보안관이 수천만의 흑, 백 시민을 이끌고 평화 행진을 하던 마틴 루터 킹 목사와 대결하게 되었다. "돌아가시오." 보안관은 요구했다. "돌아가게 해 주지." 킹 목사는 대답했다. "우리는 돌아갈 수 없습니다. 이미 너무 멀리 와 버렸소."

일단 여행이 시작되었고 힘이 있다면, 다시는 돌이킬 수 없는 때가 오게 된다. 오직 전진만 있는 것이다.

누군가 이렇게 말했다. "어떤 종류이건 변화는 자존심의 위기를 불러온다." 맞는 말이다. 낡은 체제하에서 일을 무난히 잘 해 왔던 사람들은 이제 새 제도하에서 옛날처럼은 일할 수 없을 것이라고 느끼게 된다. 그러므로 우선은 분명한 태도를 나타낼 필요가 있다. 그리고 겸손함과 개방적인 마음, 그리고 다른 사람들이 변하기만을 기대하며 있는 것 대신에 스스로 기꺼이 변화를 따르려는 마음도 필요하다.

우리 믿음을 하나님께 두고 있다고 해도, 우리는 실패를 겪을 수 있다는 사실을 받아들여야만 한다. 자서전 '이지(理智)의 불길(An Intelligent Fire)'의 서문에서 나는 이렇게 썼다. "성공이란 실패 가운데서 생존할 수 있는 능력을 말한다." 실패를 전혀 모르고 살아온 사람들은 하나님의 나라 안에서는 그리 성공하지 못한다. 실패 없는 성공은 거만함과 자만심을 키워 줄뿐이며, 다른 사람들의 말을 듣는 귀를 어둡게 만든다. 하나님께 믿음을 두어야 한다고 믿으며 자라 온 많은 사람들에게는 실패할 수 있다는 가능성이 생소할지도 모르나 그것은 모든 일에서 많은 압력을 행사한다. 그 실패 가능성은 또한, 성경 말씀과 오늘날 예언자적인 선교활동을 통해 보여주시는 하나님의 마음과 생각을 잘 이해하지 못하는 우리의 상태를 인정하는 셈도 되는 것이다.

여기 에이브러햄 링컨(Abraham Lincoln)의 목적 있는 여행을 한 번 보라 :

1831년, 사업에 실패.
1832년, 주 의회 선거 낙선.

1833년, 사업에 또 실패함.
1834년, 주 의회 선거 당선.
1835년, 연인이 사망.
1836년, 신경쇠약으로 고생함.
1838년, 하원 의장 선거 낙선.
1840년, 선거인단 선거 낙선.
1843년, 국회의원 선거 낙선.
1846년, 국회의원 선거 당선.
1848년, 국회의원 선거 낙선.
1855년, 상원의원 선거 낙선.
1856년, 부통령 선거 낙선.
1858년, 상원의원 선거 낙선.

그러나 그는 1860년에 미합중국 대통령이 되었다!

우리는 실패를 취소할 수 없고 과거의 많은 잘못된 것들을 고칠 수도 없으나, 비전을 품음으로써 사역으로 나아갈 수 있을 것이다. 물론 실패를 맛볼 것이고 실수도 있을 것이다. 하지만 바로 그 때 우리는 삶에서 능동적으로 행하는 일들이, 그저 수동적으로 당하는 일보다 훨씬 중요하다는 것을 이해하게 될 것이다.

방해물

그럼 무엇이 교회로 하여금 사역을 못하도록 방해하는

가? 무엇이 비전을 완전히 눌러 죽이고 있는가?

비전을 품음으로써 우리는 사역을 계획해야 하는 이유를 찾게 된다— 바로 비전을 이루는 데 필요한 계획이다. 다음 장에서 우리는 사역을 감당하는 데 드는 비용에 대해서 다루게 될 텐데, 값의 문제를 논하기 전에 살펴보아야 할 문제가 있다. '방해물'이 있는 것이다. 교회의 영적 지도자들이나 그들이 사역하는 교회의 비전은 분명하다 : 복음을 모든 이웃에게, 모든 가정과 모든 모임에 전하고자 하는 것이 바로 그것이다. 참으로 멋진 성경적인 비전이라 할 수 있고, 단기간의 선교 계획을 세움으로써 다른 지방이나 사실 해외로까지 진출하여 교회를 세우는 일로 발전할 수도 있다.

그러나 방해물들은 비전을 완전히 없애 버릴 수가 있고, 선교를 위한 전략이 올바로 방향을 틀기도 전에 주저앉게 만들 수도 있다. 그러면 이 방해꾼들을 어떻게 다루어야 하는가?

나는 매우 중요한 방해물이 될 만한 일곱 가지 문제들을 우리 교회 안에서 찾아내었다.

1. 지금 까진 이런 식으로 한 적이 없다

모든 교회는 비전과, 작든 크든 간에 어떤 종류의 사역으로 시작을 한다. 건강한 교회라면 어디든지 보수파와 급진파로 구성되어 있다. 현명하고 성숙한 그리스도인들은, 하나님께서 찾으시는 것이 보수적인 급진파와 급진적인 보수파임을 알 것이다—우리가 고수해야만 하는 질과 가치가 무언지 알만큼 영민한 '보수 급진파'와, 잃어버린 영혼들과 접촉하는 문제에서 우리가 가진 문제점의 근원을 먼저 보아야 한다는 것을 알만큼 씩씩한 '급진 보수파'들을 하나님은 찾으신다. (급진적(radical)이란 '뿌리를 보자'는 의미도 있다). 급진적이 된다는 것과 근원을 찾는다는 것은 우리가 바뀌어야 함을 의미하는 것이다. 변화란 겁나는 일이 아닌가?

비전을 이루기 위한 우리 사역은 우리가 닿고자(전도하고자) 애쓰는 사람들 모임에 의해 정립이 될 것이다. 그것은 우리가 실험을 해 보고 새로운 일들을 추진해야 한다는 의미이다. 우리는 새로운 사람들이 발전할 수 있게끔 시간을 주어야 한다.

2. 아직 준비가 되지 않았다

우리 교회는 항상 잃어버린 영혼들에 대해 뜨거운 관심을 가지고 있긴 했으나, 그것을 기도와 교제 이상으로 바꾸는 작업을 하질 못했다. 예수님께로 나아 오는 사람들이 항상 조금씩은 있었던 것이 분명하지만, 걸리는 시간에 비해 영접하는 숫자는 너무 적어 불만족스러웠던 것이다. 그래서 우리는 주일마다, 달마다 우리의 정규 예배와 교사 모임에서 복음을 강조하기 시작했다. 우리 셀 그룹(cell group)들은 심방과 기도를 위해서뿐만 아니라 비신도들과 접촉하기 위해서도 많이 활용되었다. 믿거나 말거나, 건강하고 성공적이고 급진적이라고 여겨지는 교회 안에서—특히 많은 중요한 국내, 국제적 사역 모임이 딸려 있는 큰 교회 안에서 우리는 중요한 방해꾼을 발견했다. 어디서부터 온 것인가? 놀랍게도, 열심히 기도하고 십일조를 바치고 기독교 사회에 많은 봉사를 하던 성숙한 신도들로부터 받는 방해였다. 많은 사람들이 사친회(師親會) 회원이거나 학교 교사들이었고, 밀즈 온 휠스(Meals on Wheels, 노인이나 신체장애자에게 하는 자택 급식배달 서비스 : 역주)를 도왔으며 주 의회에서 여러가지 일들을 했다. 그러나 복음 전도가 개인적 일과에 오르려고만 하면 '아직 준비가 안 됐는데요!'하며 발뺌하는 사람들은 바로 10년, 20년을 그리스도를 따르는 데 헌신했던 그 신자들이었다. 나는 그때 이렇게 되뇌었음을 고백한다. "만약 우리의 믿음을 나누는 데 지금 준비가 안 됐다면, 앞으로도 결코 그럴 수 없을 겁니다"라고.

3. 그것 없이도 괜찮을 것 같다

그리스도인들에게는 두 가지의 토론의 장이 필요하다. 첫째, 관심과 친밀한 나눔이 있고 잃어버린 영혼들에 대한 염려가 있는 조그만 모임(우리 교회는 'Network Groups'라고 부른다)이 있어야 한다. 둘째, 신도들로 하여금 위에서 말한 조그민 모임보다 더 큰 모임의 일원임을 느끼도록 하는 데 도움을 주기 위한 큰 예배와 교육의 시간이 있어야 한다. 만약에 여러분의 교회에 말썽 없는 착실한 셀 그룹이 있으며, 더디긴 해도 점점 자라나고 있는 공인된 예배와 교육 시간이 있다면, 어려움을 다른 교회들과 비교해 볼 때에 여러분은 잘하고 있는 것이다. 영국의 보통 교회의 신도 수는 약 125명 정도이다(이것은 여러분이 은사주의자인가 그렇지 않은가, 복음주의냐 자유주의냐에 따라 조금 적기도 하고 조금 많기도 한 수이다). 그러나, 만약 여러분의 교회가 우리처럼 약 600명의 신도들이 있는 교회라면 비교하지 말라. 우리가 일하고 있는 지역 안에 최소한 7만 5천명의 사람들이 살고 있다. 만약 그리스도의 뜻하심이 '모든' 인간을 구원하려 하심이라면 우리는 그냥 안주해서는 안 된다. 대부분의 교회들이 그 구역 안의 이웃이나 가정, 모임에서 어떤 방법으로든 한 번도 복음을 전한 적이 없다. 우리는 뭔가 잘못하고 있는 것이다!

4. 예전에도 한 번 시도해 보았다

기도나 전도, 혹은 셀 그룹 같은 것들로는 충분하지 않다. 비전은 반드시 사역과 합치되어야 하고, 그 사역은 교회 안의 모든 세대를 둘러싸고 변화를 주도해야 한다. 기도나 전도, 그리고 사회적 행동 등이 포함되는 선교사역의 요소들을 행하는 자들은 장기간의 임무를 받았다고 여기자. 때때로 우리는 '시작'은 했는데 효과를 거두지 못해서 다른 일로 넘어가 버린 일에 대해 것에 대해 해명을 해야 할 필요가 있다. 어쨌든, 우리가 예전에 어떤 일을 시도해 보았고 효과를 거두지 못했다고 해서, 그 일을 다시는 하면 안된다는 법은 없다. 그 일이 성경의 가르침을 따르고 있으며 우리 주님을 기쁘시게 하는 것이라면 언제든지 다시 시작하자.

5. 큰 희생이 따른다

우리를 구속하시고 변화된 삶과 미래의 소망을 주시며, 우리와 나누시게 될 보좌를 상속하시기 위하여 주 예수님께서는 '모든 것'을 희생하셨다. 제자가 되기 위해서는 몹시 비싼 값을 치러야 한다. 우리에게는 은혜가 값없이 주어졌으나, 그리스도께는 그렇지 않았다. 만약 아직 잃어버린 영혼들과 접촉할 준비가 되지 않았다면 우리는 하나님께서 그 구역 안에서 값을 치를 다른 그룹을 세워 달라고 기도할 수밖에 없다. 그리고 하나님께서는 종종 그렇게 해 주신다!

6. 그건 우리 책임이 아니다

이것은 고집쟁이 사고방식을 고수하고 있는 사람들이 보통 비밀스레 믿고 있거나 사적으로 서로 전달하는 말들이다. '하나님께서는 선택하신 자들만 구원하실 것이다'라고 생각하는 그 일단의 사람들은 흥미롭게도, 그런 관점에서는 구원받지도 개종하지도 못했다. 어디선가 누군가는 반드시 믿음을 나누고, 모임을 인도하고, 야외 설교를 하고, 소책자를 쓰고 또 나누어주고 있다. 그리스도를 위하여 이 세상 잃어버린 영혼들을 향한 평생의 사역을 할 책임이 우리 것이 아니라면 도대체 누구 책임이란 말인가?

7. 어디 잘 되는지 기다려 보자

당황스러운 사실이긴 하지만, 우리는 우리와 함께 일하고자 원하는 사람들과만 일할 수가 있다. 예수께서는 베드로와 야고보, 요한 등과 많은 시간을 함께 하셨으나, 도마나 유다와 단독으로 함께 하셨다는 기록은 찾아볼 수가 없다. 주님께서 일부러 그러셨다는 말이 아니라, 주와 함께 있으면서 제자로서 가르침을 받기 원했던 사람들과 함께 많은 시간을 보내셨다고 기록된 사실이 흥미롭다는 것이다. 우리는 우리의 지침을 따라오고자 하는 사람들—비전을 품고, 사역을 완수하며 (다음 장에서 다루게 되겠지만) 값을 치르고자 하는 사람들과 일해야 한다. 목자가 움직이고자 할 때마다 즉시 따르는 것은 가장 가까이 있는 양들이다. 나머지 대부분의 양들은 결국엔 뭔가가 움직이고 있음을 깨닫고 일어나 따르게 된다. 그러나 있던 곳이 좋아 꾸물거리거나, 여행이나 새로운 초장을 싫어하는 양이 항상 몇 마리 있게 마련이다. 우리는 그들에 대해 어떻게 책임을 져 줄 수는 없으나, 사랑과 관심과 은혜의 모범을 보여줄 수는 있다.

일곱 가지 방해물에 대해 모두 알아보았다. 이제 사역을 전달하는 일에 대해 이야기해 보자.

사역과 전달

레이비 재커라이어스에 따르면, 훌륭한 전달(communication)에는 네 가지 요소가 있다고 했다. 우리는 이것이 하나님에서 표현된 것을 볼 수 있는데, 특히 그것이 우리 주 예수 그리스도의 생애와 사역 안에서 나타난 것을 볼 수 있다. 전달자가 훌륭하므로, 우리는 전달하시는 하나님과, 전달하시는 하나님의 아들과, 이 전달의 표본들을 가지고 이 20세기 후반의 우리들에게 전달해 주시는 성령님으로부터 잘 배울 수 있을 것이다.

동일성(Identification)

여러분은 하나님께서 그 아들을 세상에 보내실 때 왜 2천 년을 더 기다리지 않으셨는지 의문을 가져 본 적이 있는가? 만약 그렇게 하셨다면 그 아들은 위성과 케이블 TV, 책이나 비디오, 라디오 등등의 여러 가지 수단을 가지고 지구 전역에 손쉽게 사역을 하실 수 있었을 것이다.

그렇게 하지 않으신 이유를 말해 주겠다. 우리는 전국적, 지역적으로 방송되는 라디오, TV상에서 우리의 믿음과 그 믿음의 열매를 나누는 기회를 가질 수 있어서 참 만족하고 있지만, 그런 TV와 라디오를 통해서는 절대로 이 나라를 하나님께로 돌아오게 할 수 없을 것이다. TV는 우리로 하여금, 매체를 통한 메시지 전달의 효용성을 생각해 보도록 한다. 그런 다음 메시지를 방송하는 대가로 돈을 보내라고 초대를 하는 것이다. 반면에 그리스도께서는 우리를 제자화 교육으로, 일단의 성도들이 있는 곳, 교회로 초대하신다! 그 곳에서 우리는 격려와 기도와 가르침과 견제와 균형과, 그로 인한 목회의 진전을 발견하고 볼 수 있게 된다. 이것은 TV를 통해서 될 일이 아니다. 특히 개인과 개인간의 인간 관계를 중요시한다면 더 그렇다. 삼위일체이신 하나님이나 예수님과 그의 제자들, 그리고 사도들의 팀에서 보여진 팀목회는 사실 TV상에서는 존재할 수 없는 것이다.

그리스도께서는 2천년 전에 오셔서 그 당시 사람들과 동일함을 취하시고 제자 교육으로 초대하셨다. 이것은 하나님을 믿고, 돈을 보내고 하는 것보다는 확실히 더 큰 의미가 있지 않은가? 예수를 따른다는 건 문둥병자와 부정한 세리와 친구가 되고, 가족과 가정을 버리고, 믿음으로 살며, 예전에 이루어 놓은 경력에 안녕을 고하는 것을 의미한다. 그런 일들이 예수님의 제자들 모두에게 환영받은 것은 아니었겠지만, 그리스도께서는 일정한 직업에 종사하고 있는 사람들에게도 당신의 비전과 가치관을 품을 수 있게 해 주는 어떤 모델을 제시해 주셨다. 그들이 예수님과 직접 여행을 하지 않았어도 말이다.

그래서 그분은 이 세상에 선교하시려고 세상과 동일함을 취하셨다. 기독교란 성육신(incarnation)의 종교이다. 성경에는 등장하지 않는 단어이지만, 이것은 '말씀이 육신이 되어'(요 1 : 14)와 '죄 있는 육신의 모양'(롬 8 : 3) 등등 성경 말씀의 의미를 설명해 준다. 우리가 가지고 있는 유서 깊은 믿음의 가장 중요한 것은 '신성(神性)의 신비로움'에 대한 것이다. '그는 육신으로 나타난 바 되시고'(딤전 3 : 16)라는 말씀이다.

성육신은 그리스도께서 하나님이 아니셨고 그저 사람으로 나타나신 것이라는 의미가 아니다. 그분은 인간이셨지만, 그저 인간일 뿐이었다는 말은 아니다. 그분은 인간성과 신성을 맞바꾸셨다기보다는, 신성은 간직하시고 인간성을 입으셨을 뿐이다. 그분은 인간이자 하나님이셨다. 그리고 시간과 공간으로 이루어진 세상에 걸어 들어오셔서 사람들로 하여금 하나님이 어떻게 생기셨으며, 어떤 분이시며, 또 원수와 친구들에게 어떻게 행하시는가를 알 수 있게 보여 주신 것이다. 기독교는 전도하고자 애쓰고 있는 사람들과 동일하게 되어야 한다. 다른 말로 그것은 '성육신' 되어야 함을 말하는 것이다.

통역(Translation)

우리는 전도하려고 애쓰고 있는 사람들—남자든 여자든, 젊었든 늙었든, 흑인, 갈색인, 백인, 황색인에 관계없이 그들과의 동일성만 이루는 데서 끝내서는 안된다. 우리가 전하는 메시지를 그들이 이해할 수 있는 언어로 바꾸어야 하는 것이다.

나는 많은 메시지를 들어왔고, 정말 훌륭한 모범이 될 만한 그리스도인들의 신앙도 보아 왔다. 문제는, 그 메시지가 교회 다니지 않는 사람이나, 초신자나, 아니면 개종하지 않은 사람들이 알아들을 수 있는 말로 바뀌지를 않았다는 것이다.

물론 논리가 통하지 않는 기름부으심과 하나님의 거하심이 있는 사람들도 있다. 나는 언젠가 런던의 얼스코트(Earl's Court)에서 있었던 복음주의자들의 모임에서 빌리 그래함(Billy Graham)의 '멜기세덱의 대제사장직'이라는 제목의 설교를 들은 적이 있었다. 교회 다니지 않는 사람들은 멜기세덱이 누군지 알 턱이 없었으나, 많은 사람들이 전체 행사 동안 그 목요일 저녁에 대단한 반응을 보였다.

그러나 상식적으로 생각해 보면, 사람들은 이해하지 못하는 것에 자신을 다 바쳐 일하지는 않는다. 그러므로 하나님의 사랑과 은혜, 진리, 그리고 최후의 심판이라는 말들이, 그들이 이해할 수 있는 언어로 통역이 되어야 하는 것이다.

번화가를 누비며 깃발을 흔들고 죄짓지 말자고 구호를 외치는 방법은, 인간이라면 으레 가지고 있는 반응을 이끌어 낼 수는 있을지 몰라도, 그것이 쉽게 통역이 되지는 않는 것이다! 사람들은 메시지를 들어보기도 전에 물리쳐 버린다. 적대적이고 죄에만 중점을 둔 거리설교는 우리 주님을 흥미 있고 이해하기 쉽게 느끼도록 할 수가 없다. 플리머드 형제단(Plymouth Brethren)에 있을 때 나는 장로님들에게 예수를 영접하는 사람들이 왜 이렇게 적은가고 물어 보았다. 그러자 대답은, 언젠가 모든 가정에 여기서 만든 소책자를 돌렸다는 것이다. "우린 분명히 전해 줬어. 나중에 몰랐다고 말한다면 말도 안 되는 거야"라고 그들은 대답했다. 복음을 교회 다니지 않는 사람들이 이해할 수 있는 말로 통역하는 작업을 그분들은 전혀 생각지 않고 있었다. '우리 메시지를 이해시키자'고 하고도 '우리' 쪽의 시각만 고집하고 있었던 것이다.

설득(Persuasion)

우리가 전도하기 애쓰는 사람들에게 그저 설교를 하는 대신에 직접 그들과 동일성을 이루고, 그들이 이해할 수 있는 언어로 메시지를 번역하는 일이 중요함을 알아보았다. 그러나 종종, 감수성이 예민한 사람들은 전달하는 일에 대단히 설득적이지 못하다. 설득조의 말은 마치 속이는 것 같다는 두려움 때문에, 전달에 쓰이는 우리 언어에는 설득조의 말이 결여되어 있곤 한다.

우리는 다양한 수준으로 전달을 한다. 저녁 식사를 앞에 놓고 하는 대화 중에, 아내는 던지는 눈짓 하나만으로 내가 안 맞는 사람과 너무 말을 많이 한다고 일깨워 준다. 아내는 말 한 마디 하지 않고서 전달을 하는 것이다. 그녀의 눈짓은 종종 나를 난처한 상황에서 구해 주곤 했다.

일관성 있는 생활 또한 훌륭히 설득력을 발휘한다. 가난한 자들을 향한 테레사 수녀의 자선은 전 세계를 통해 설득력을 발휘했다. 또 빌리 그래함 목사가 70대의 노령일 때, 50주년 금혼식 이후에도 계속 행했던 사역의 길 또한 설득력 있는 것이었다고 할 수 있다. 각 지역 안에서 소리소문 없이, 무명으로 많은 그리스도인들이 행한 선행은 우리로 하여금 그리스도의 제자들로서 계속 전진하게 하는 가장 설득력 있는 요소가 되어 왔다.

목숨이 위험함을 알고도 담대히 믿음을 증거 하는 바울을 향해, 아그립바 왕은 이렇게 말했다. '네가 적은 말로 나를 권하여(설득하여) 그리스도인이 되게 하려 하는도다'(행 26 : 28) 아그립바가 냉소적으로 그렇게 반문한 것인지 혹 정말 그렇게 생각했는지는 성경에 나와 있지 않다. 그러나 바울은 수천 명의 성도와 상당한 크기의 교회를 일으킨 아주 설득력 있는 인물이었음이 분명하다.

소위 '성직자'라고 불리는 사람들이 강단이나 설교단 위에서 그리 설득적이지 못한 이유들 중 하나는, '설득력 있는 자들이 되어야 한다'는 성경의 규율들을 잊어버렸기 때문이다. 그러나 규율을 떠나 우리는 주님께, 우리의 음성을 당신의 것과 같이 만들어 주셔서, 삶의 의미를 찾아 헤메는 모든 인간들이 창조자와 구속자의 음성을 깨닫고 그분을 따르게끔 해 달라고 간구해야 한다.

정당화(Justification)

동일성, 통역, 설득. 이 세 가지는 훌륭한 전달의 필수 요소이다. 그러나 우리가 전하고자 하는 내용이 이슬람교나 힌두교, 무신론자, 또는 불가지론자들이 말하는 것에 반(反)하여 왜 그리 중요한가를 정당화시켜야 할 때가 올 것이다.

그리스도로 인하여 고침 받고 난 후 얼마 안 되어, 그 소경이었던 사람은 예수님이 하나님의 아들인가의 여부는 몰랐을지라도 이렇게는 말할 수 있었다. "한 가지 아는 것은 내가 소경으로 있다가 지금 보는 그것이니이다."

그것은 밝고, 효과적이며 정확한 이야기이다. 그런 기적에 의해 축복을 받은 사람의 반응은 그런 것이 당연했다.

그 사람에게서 더 이상의 반응은 나올 수 없었다. 그러나 몇 년을 제자로서 살면서도 '우리 하나님이 고치신다'라는 말밖에 못 한다면 안 된다. 우리는 우리가 말하고 있는 것의 중요성을 정당화시킬 수 있어야 한다.

왜 우리가 전달하는 메시지가 유일한가, 그리고 다른 어떤 것보다 중요한가를 객관적으로 정당화시킬 수 없다면 우리는 결코 빠져 나올 수 없는 주관(主觀)의 바다에서 길을 잃게 될 것이다.

공중파를 통한 진리 선교

잉글랜드 남부의 한 생방송 라디오 프로그램 중에 나는 한 무신론자 교수와 맞붙게 되었다. "당신 복음주의자들 말이오." 그는 대뜸 이렇게 말했다. "당신들하고 당신들이 말하는 진리나 절대자 같은 것들, 세상에 절대적으로 옳거나 절대적으로 잘못된 것은 없단 말이오." 예전에 들었던 얘기 하나가 생각나서 재빨리 나는 대꾸했다. "그게 사실이라면, 당신도 그 말에 대해서 절대적으로 확신할 수 없잖소." 논쟁은 거기서 끝나 버리고 말았다!

언젠가는 이런 도전도 받았다. "복음주의자라는 사람들 말이야─당신들 모두 세뇌를 당한 거요." 나는 대답했다. "아주 기민한 관찰이시군요." 그리고 잠시 말을 끊었다. "당신이 대표하고 있는 하나님 없는 인간주의자들과 내가 대표하고 있는 그리스도인들의 단 한 가지 차이점은 말입니다. 우리 머릿속에 들어박힌 세뇌된 내용은 당신들이 가진 내용보다 훨씬 깨끗하다는 점이지요!" 대중 매체나 광고, 그리고 동료들의 압력 등에 당신의 생각이 영향받지 않고 이 세상을 살아 나갈 수 있다는 생각은 어리석은 것이다. 문제는 '우리는 어떤 것에 세뇌되었는가?'하는 점인 것이다.

그리스도인이 되기 위해서 우리가 가진 생각을 던져 버릴 필요는 없다. 오히려 그 반대이다. 흔히 보수 복음주의자들은 똑똑한데 은사주의자들과 오순절주의자들은 바보 멍텅구리라고들 했다. 건전한 정신과 감동된 마음을 가지고서야 우리는 우리가 믿는 것을 왜 믿는가를 가능한 한 풍부하게 정당화시킬 수 있다는 것이 중요하다. 성경과 성경에 대한 많은 책을 탐독하는 것이 필수적이고, 그것과 병행하여 자극을 주거나 또는 멋진 이야기들로 가득 찬 테이프들을 듣는 것도 좋다. 하나님께서는 높은 문맹률을 가진 나라에도 은혜를 넓히실 것이다. 하긴 학술적이나 객관적인 관점에서 그들이 믿는 것을 믿는 이유가 무엇인지 정당화시켜 보라는 요구를 누가 할 것 같지는 않지만 말이다. 하지만 나는 신앙을 점검해 보고 그 신앙이 우리가 살고 있는 이 복잡한 세상과 어떻게 연결되는지 타인을 통해 배우는 일에 내키지 않아 함으로써 사역을 망친 사람들에게도 그런 똑같은 종류의 은혜를 주실 지는 잘 확신하지 못하겠다.

세계 선교

　만약 우리 비전의 내용이 복음을 전 세계로 조직화시키는 것이라면, 우리가 살고 있는 지역부터 조직화(네트워킹)하기 시작해야 하는 것은 당연하다. 기독교의 가장 지독한 모순은, 3천 마일 떨어진 곳에 살고 있는 사람에게는 그렇게 기쁜 소식을 전하고 싶어 안달하면서 겨우 3백 미터 떨어진 곳의 이웃에게는 잘해야 무소식, 최악의 경우엔 나쁜 소식만 잔뜩 전한다는 것이다.

　1885년에 무디(D.L.Moody)와 피어슨(A.T.Pierson)은 15년 안에 세계 선교를 완수하겠다는 비전을 품었다. 그 비전은 '목적 있는 여행'인 사역으로 연결되었으나, 그들은 실패하고 말았다.

　10년 후에 피어슨은 설명했다. "우리는 희망을 버려야 했다." 그 비전은 성경적인 비전이긴 했으나, 수많은 이유들로 해서 그 목적 있는 여행은 완수되지 못했던 것이다.

　그런 사역은 단거리 경주보다는 마라톤을 요구하는 것이라는 걸 이해하지 못했기 때문이 아니겠는가?

　1910년의 에딘버러 회합(Edinburgh Conference) 때도 많은 나라들로부터 그리스도인들이 힘께 했다. 그들 또한 자기들 세대에 전세계 선교를 이루겠다는 비전을 일궈 내고 있었다. 누군가 말하기를, 그들이 실패한 까닭은 무디와 피어슨의 실패 원인과 동일하다고 했다. 다른 사람들도 덧붙이기를, 현상유지 상태로 이끌고 간 많은 영향들과, 또 세계 교회 연합(the World Council of Churches)을 만드는 사역에 관심 부족이었던 것 등으로 국제 선교 회합(International Missionary Council)이 고통받았다고 했다.

한 가지는 분명하다 : 이런 일을 추진하는 데 숙련되지 않은 사람들에 의해 주최되고 계획되고 말해지는 회합은 비전이 완전히 제몫을 할 수 있는 장기간의 사역이 될 것을 기대도 하지 않는 게 좋은 것이다.

모든 교회 지도자들이 가장 어려워하는 것들 중 하나는 '무엇을' 보다는 '어떻게'이다.

오늘날 세계에는 약 5억 5천만의 그리스도의 제자들이 있다고 한다. 소위 말하는 '이름뿐인' 그리스도인들을 포함, 전도되지 못한 인구는 50억에 가깝다. 수학적으로 생각해서 그것은 단순히, 진정한 그리스도의 제자들 각 한 사람이 10명만 전도한다면 세계 선교가 완수됨을 의미한다.

이 20세기 후반이라는 시기가 전례 없는 기회를 우리에게 준 것이라고 생각되는 반면, 전례 없는 반대 세력이 판치는 때가 될 것이라는 생각도 무시할 수 없다. 이 문제는 뒷장에서 논하게 될 것이다.

그러면 한 지역이나 사람들 모임을 '어떻게' 조직화시킬 것인가?

1. 평가(Evaluation)

여러분이 사는 지역에는 사람들이 얼마나 살고 있는가? 그들은 어떤 사람들인가? 흑인인가, 갈색인 인가, 백인, 황인, 혹은 혼혈인인가? 그들은 부자인가 가난한가, 혹은 중류 계층인가? 청년 문화가 있는가? 있다면 지방 의회와 교육 기관에서 그 문화를 어떻게 다루고 있는가? 사회에서 증가 추세에 있는 노인들은 어떤가? 그들은 어디 있으며, 음식은 어떻게 공급받는가? 10대 청소년들과 젊은이들이 이웃 마을에 복음을 전하려고 하는데 그 마을이 65세 이상의 노인들만 사는 동네라면 그 열정은 아무 소망이 없다!

2. 보고(Reporting)

상황 평가가 되었을 때, 보고하는 사람들이 필요하다. 한 구역을 맡아 짐을 져 나가는 사람들이 전부 다 성직자나 전임 장로들, 사도직이나 선지자적 사역을 하는 사람들 뿐은 아닐 것이다. 평가는 보고되어야 한다. 감독들에게만 아니라, 그 보고를 받고 그것에 대해 조치를 취할 숙련자들에게도 보고해야 한다. 적절히 보고하지 않으면 그 짐은 극단의 소수가 몽땅 짊어져야 하거나, 그게 아니면 적절치 못하게 너무 많은 사람들 사이로 퍼져 버리게 된다.

3. 선택(Selection)

모든 일을 동시에 할 수는 없다는 것을 염두에 두고, 우리는 기도와 실제, 사랑, 예민함을 가지고 그 지역의 사람들 모임에 다가갈 수 있는 사람들을 골라내야 한다. 만약 우리가 초등학교와 중학교 학생들, 단과대학이나 대학교 학생들을 목표로 하고 있다면, 주일 모임에서 흠정역 성서[1]을 사용하고 낡아빠져서 끽끽 소리가 나는 풍금에 맞춘 찬송을 부르는 것이 제자화에 그리 도움을 못 준다는 것을 알게 될 것이다! 마찬가지로, 우리가 50, 60대 이상의 분들을 조심스레 목표로 정했다면, 즐겁고 조금은 시끄러운 소프트한 록 음악으로 그들을 교회 모임에 끌어들인다는 것은 현명한 방법이 아닌 것이다—특히 그분들이 클래식 라디오 방송을 듣는 분들이라면 말할 나위도 없다. 그들이 마이클 잭슨의 최신 싱글이나 테이크 댓의 공연을 모를 것이라는 사실은 분명하지 않은가?

4. 제자화(Discipleship)

어떤 사역이든 그 내용의 대부분은 평가와 보고, 그리고 선택으로 흘러가게 마련이다. 뒤따르는 믿음, 제자화, 그리고 교회의 구조에서 바뀔 필요가 있는 부분을 개선하자는 등등의 문제에는 거의 신경 쓰지 않는다. 개종의 강물은 접어 두고 똑똑 떨어지는 물방울 같은 빈약한 전도의 열매에 순응하려는 생각 때문이다. 가르침과 지도, 참여를 수월하게 하기 위한 일대일 제자훈련이나 특별한 셀 그룹들이 필수적이다—물론 정규적인 교회 모임도 병행해야 한다. 만약 우리가 사람들을 하나님의 뜻 안으로 제자화시키는 방법을 알지 못한다면, 우리는 우리 지역을 복음화시키는 사역에

---

1) 흠정(欽定)역 성서(the Authorized Version) : 1611년 영국왕 제임스 1세의 재가에 의해 편집 발행된 영역 성서.

늘 실패만 하게 될 것이다.

제자화란 사람들을 훈련시켜서, 그들 자신이 기도와 예민함으로 자신이 속해 있는 그룹에 그리스도의 복음을 전할 수 있게끔 해 주는 것이다. 그럼으로써 우리는 재생산을 하게 된다.

오늘날은 어떤가?

빌리 그래함(Billy Graham)과 루이 부시(Luis Bush)는 그리스도인들에게 '기원후 2000년 운동'으로 비전과 사역의 도전을 주었다. '만인을 위한 하나의 교회와 하나의 복음-2000년 복음화 운동'. 세상은 2000년이 되는 해 복음화 된다. 가능한 얘기인가?

감사하게도 하나님께서 목표하시는 바는 개인적인 것이 아니라 공동체적인 것이다. 이 사역은 우리가 성경과 성령에 순종하고 사랑과 기쁨, 그리고 주님을 경외함 안에서 서로 순종할 때만이 이루어질 수 있다. 신앙으로 이루어지는 사회는 '앞으로 임할 세상'에 대한 실마리를 제공해 줄 것이다. 지금의 개인주의 문화는 반드시 버려야 한다. 우리는 친교와 협력과 협동이 충만한 교회에 속해 있어야 하며, 그렇지 못하면 우리는 결코 비전을 이룰 수 없다.

나는 모든 복음주의자들에게, 지방교회이든 국제교회이든 우리는 교회로부터 신약 성경에 나오는 기독교를 분리할 수 없다고 말하고 싶다. 친교와 경배와 제자화를 제외해 버리는 데 열중해 있는 복음주의는 결코 새 세대로 안내하는 새 질서나 새 사회를 생산해 낼 수 없을 것이다. 척 콜슨 (Chuck Colson)이 정확하게 이것을 설명해 준다. 우리는 교회가 수행해야 할 과업으로부터 교회의 본질이나 특질을 떼어놓을 수는 없다는 것이다.

하나님께서는 우리가 시작이 좋지 않아 괴롭기만 한 사역을 억지로 행하며 살기를 원치 않으신다. 그분에게는 우리를 향하신 계획이 늘 있으며, 그 계획은 주위 요구에 즉시 반응하고 교회 유지에 열중하는 것에 그치지 않는다(그것들이 중요하지 않다는 뜻은 아니지만). 이것은 믿음의 여행이며, 성공도 실패도 물론 있다. 하나님께서는 그 두 가지를 모두 준비하셨다. 이것은 우리가 하나님의 나라가 임하고 그분의 뜻이 이 땅에서, 지리적으로나 상관적으로나 모두 이루어지게 하기 위해 기꺼이 치루어 낼 비용(희생)과 직접적으로 관련이 있는 것이다.

3. 비용을 예산하자

> 십자가 대신 찰나적인 흥분(orgasm)이 열망과 충만함
> 의 이미지로 자리잡아 버렸다.
>
> 맬컴 머그리지

우리는 음악가들
우리는 꿈꾸는 사람들
부서지는 고독한 파도 곁을 떠도는
황량한 바닷가를 머무는
창백한 달빛을 받고 선
패배자, 세상을 등진 사람들
우리는 주모자
영영 세상을 쥐 흔드는 사람들

꿈을 가진 한 인간은 자기 내키는 대로
진격하여 왕관을 얻는다
새 노래를 부르며 오는 세 인간이
한 왕국을 무너뜨려 짓밟아 버린다

어떤 세대이든 죽어 가는 꿈 아니면
태어나는 꿈이기 때문에

아더 윌리엄 에드가 오쇼너시(Arthur William Edgar O'shaughnessy,
1844-1881)

음악을 만드는 것, 꿈꾸는 것, 처녀지(處女地)를 정복하는
것—이것이 비전의 본질이다. 그러나 오쇼너시의 훌륭한 산
문 작품을 마무리하는 2행 연구(couplet)는 다시 한 번 주목
해 볼 만하다.

어떤 세대이든 죽어 가는 꿈 아니면
태어나는 꿈이기 때문에

이와 같은 악한 세대에 꿈꿔 볼 만한 가치가 있는 것일까?
악한 일은 그저 단순히 발생할 뿐이라는 말에는 논쟁의
여지가 있다. 돌보지 않은 정원이 혼란스럽고 주체를 못하
게 되거나, 관리를 잘 하지 않은 엔진이 결국엔 고장나는
것과 같은 이치로, 도덕적인 표준이 결핍되면 통제가 불가
능한 성장과 또 파멸로 치닫게 마련이다. 옛 말에도 있듯이,
악이 번성하게 하려면 선한 사람들이 그저 뒤로 물러나 아
무 일도 안 하면 된다고 하지 않는가?
한 개인으로서 생각해 본다면 우리는 스스로 내린 결정
들의 총 합계라고 할 수 있다. 우리는 어쩌면 주위 환경에

거의 영향을 못 미쳐 왔을 수도 있지만, 그런 상관없는 환경들에도 불구하고 우리는 우리가 누구인가에 대한 책임이 있다. 이기적이고 파벌적이며 냉담한 사람들로 하여금 하고 싶은 일을 하게 놔둠으로써 세상에 태어나는 많은 일들이 있다. 그리고 악한 일들이 만연할 때 거기에 드는 희생이 관련되는 한, 고통 당하는 이는 거의 언제나 아무것도 모르는 순진한 사람들이다.

그런 선량한 사람들을 위해서는, 명확한 선택을 위한 친절함과 의(義)가 있어야 한다. 그러나 비용을 예산해야 한다. 그렇게 할 때만이 그 선택을 한 후의 효과가 충분히 나타날 것이기 때문이다. 이것은 자녀에게 훌륭한 교육을 시키고 특별한 대접을 해 주며, 자전거나 오토바이, 심지어는 자동차 같은 커다란 선물을 주고 싶어하는 부모님들의 심정이다. 그 마음은 참 훌륭하고 의도도 좋다. 그러나 그 소망을 성취로 바꾸기 위해서는 비용의 문제를 숙고해 보아야 한다. 왜냐하면 요즘 대부분의 부모들(편부모의 경우도 많다)에게 있어 그런 선물이 의미하는 것은 1년 동안 휴가를 연기하거나, 12개월 동안 새 옷도 못 사 입고, 혹은 그런 선물을 사주는 데 필요한 돈을 위해 다른 직업을 또 가져야 하는 상황을 가리킬 수도 있기 때문이다.

희생을 치르면 발전이 온다

사람들은 종종 내게, 야망으로 가득 차 있는 사람과 성취하는 사람간의 차이점이 뭐냐고 묻곤 한다. 대답은? 발전이다! 무수한 야망들이 현실화되지 못하는 것은, 사람들이 그 야망을 발전시키고 희생을 치르며 이루어 낼 생각을 감히 하지 못하기 때문인 것이다. 이 세상은 아름다운 "할 수 있었는데!"하는 말로 가득 차 있다. 비전이 현실이 되는 것을 보기 위해 희생을 하려고 하지 않은 사람들이 내뱉는 한숨이다.

비범한 음악성을 타고났으나 피아노 앞에서 매일 연습하지 않은 사람을 보라. 커서 주의 깊게 듣기는 하나 결코 음악에 참여하지는 않는다. 이런 사람은 어떤가? 그는 화술과 열정을 가지고 교회 안팎의 크고 작은 모임에서 영향력을 행사하고 싶어했다. 하지만 그는 값을—타인의 의견도 들어 보고 훌륭한 연설은 칭찬해 주고 대중의 변덕을 참고 실수도 하고 다른 이들에게 축복해 주는 등의 값을 치르지 않았다. 다른 사람들은 그 사람이 가르치거나 지도하려고 할 때 나타나는 우월한 태도를 참지를 못했고 결국 그들은 그의 말을 들으려고 하지 않았다.

개인이나 지역 사회가 선하고 고상한 야망에 대한 값을 치르고 비용을 기꺼이 지불하였다면 오늘날 이 세상은 얼마나 달라졌을 것인가. 아마 당신이 가진 야망을 성취하기 위해 값을 치르고 비용을 지불했다면, 당신이 살고 있는 마을, 읍내, 도시 지역은 무척 달라졌을 것이다.

더디 이루는 소망

누가복음에 보면, 예수께서는 망대를 짓겠다는 비전을 가졌던 사람의 이야기를 하셨다. 그분은 그 비전을, 직접적이고도 전적으로 비용의 문제와 연결시키셨다. 비용이 잘못 계산되었다면 기초를 놓은 후에 그것을 끝마칠 수 없다는 것을 쉽게 알 수 있고, 그러면 '보는 자가 다 비웃게' 될 것이다.(눅 14 : 28 - 30)

아마도, 인생을 뒤돌아보고 우리가 품었던 야망과 그 열매의 부실함을 조소하는 것만큼 비참한 일도 정말 없을 것이다. 더 지독한 것이 혹 있다면 그것은 수많은 기회와 기술, 시간, 자원, 특별한 기회들을 낭비하고 흩뜨린 것을 다른 사람들이 비웃는 것일 게다. 잠언 기자는 이렇게 썼다. "소망이 더디 이루게 되면 그것이 마음을 상하게 하나니 소원이 이루는 것은 곧 생명 나무니라"

여러분은 열매맺지 못하거나 절망에 치를 떨기 위해 은사주의적 복음주의자가 될 필요는 없다. 그러나 나 자신이 은사주의적 복음주의자로서 관찰해 본 바, 실망과 환멸로 끝장을 보는 것은 대개 그들이라는 것을 알게 되었다. 방언과 해석, 예언자직인 축복의 약속과 지시과 지혜의 활동(간접적으로 관찰되었든 직접 경험되었든 간에)들은 우리의 삶을 마련하고 집중시키는 강력한 도구이다. 그러나, 약속이 적을수록 실망과 절망도 적을 것이라고 말할 수 있을 것이다. 많은 그리스도인들은 조용한 삶을 영위하며, 직장에서든 집에서든 맡은 바 임무를 완수하고, 아이들, 부모님과 친척들을 돌보고, 대개 멋지고, 협동적이며, 도움이 되는 사람들이 되면 그만이라고, 충분하다고 생각하는 것 같다.

　제발 내가 거만하게 군다고 생각지는 말아 주기 바란다. 모든 지체가 하나님께 믿음을 두고 그렇게 살았더라면 이 세상은 훨씬 더 행복한 장소가 될 수 있었을 것이다. 가정과 직장은 온화함과 존중과 협동이 넘치는 장소가 되었을 것이다. 그런 삶을 살면서 우리는 어느 곳에 있든지 도덕의 소리를 듣고 경계할 수 있었을 것이다.

　그러나 내가 종종 말했듯이, 심지어는 그리스도께서도 대부분의 그리스도인만큼도 관대하지 않으셨다. 관대해진다는 것이 성령 충만한 생활의 끝은 아니다. 왜냐하면 사랑, 오래 참음, 절제 등의 성령의 열매가 있는 동시, 성령의 은사 또한 있기 때문이다. 바울은 이것들을 각기 다른 곳에 나열하고 있고, 그것들은 어느 하나 완전한 것은 아니다. 하지만 진정한 예언자적 약속을 받는다는 것은 내 생각에는 경이로운 것이다.

　후기 은사주의 침체는 한 지체나 한 교회 전체가 새 노래와 훌륭한 성경공부 시간, 그리고 교회로 하여금 한 몸같이 기능케 하고 잃어버린 영혼들을 향해 관심을 쏟는 등의 강력한 예언자적 부르심과 함께 살아왔을 때 생긴다. 그러나 이 모든 것들은 너무 시간이 오래 걸리고 값도 많이 든다! 그 '예언'이 '생겨날 법한 일'로 남겨질 때 그 침체는 깊어진다.

약속과 은사의 오용(誤用)

　나는 원체 질문이 많은 사람인지라, 이런 생각을 궁금하게 해 보곤 한다. 삼손이 여인들에 대한 약점이 없고 그리하여 그 괴력을 잃지 않았다면 어떻게 됐을까 하고. 그리고 요셉이 어리석게 자신의 그 놀라운 꿈을 형제들에게 얘기해서 자신의 축복을 자랑하고 다녀 질투를 사지 않았다면 어떻게 됐을까. 만약 사도 베드로가 그렇게 유대의 율법 전통에 매여 고넬료의 집에 있기를 꺼리는 사도가 되지 않았다면 어떻게 됐을까. 소망, 꿈, 비전, 그리고 주님이 주시는 말씀은 무시와 파벌주의, 오만과 무책임함으로 해서 산산조각나 버렸다. 그렇다. 하나님께서는 결국에는 영광 받으셨다. 그러나 내가 제안하고 싶은 것은, 삼손이 술을 마시지 않겠다 거나 머리를 자르지 않겠다는 결심이나, 요셉이 꿈에 대해 보이는 반응, 또 베드로가 복음을 이해하는 것 등등은 원래 목적보다는 하나님의 주권과 더욱 관계가 있다는 것이다.

　우리가 성경과 예언을 통하여 하나님의 말씀을 마음과 생각으로 믿어 오긴 했으나, 값을 치르기를 원하지 않거나 그 성경과 예언의 말씀이 이루어지는 네 필요한 희생을 기꺼이 치를 준비가 되어 있지 않을 때 바로 후기 은사주의 침체가 온다. 사도 베드로는 자신의 편견과 관료적인 형식주의를 극복해야 했다. 그런 후에 그는 로마 백부장 고넬료에게 복음을 전하기 위해 유대 율법에 대해 가지고 있는 자신감과 지식을 희생해야만 했다. 그 후 교회의 본부가 있는 예루살렘으로 돌아가 거듭난 유대 지도자들에게 다음과 같은 보고를 해야 했을 땐 그의 자만심은 더욱 희생되었을 것이다. 이방인들이 구원을 얻고 방언을 하며 할례를 받지 않고도 하나님을 찬양하며 하나님의 법안에서 살고 있다는 그 사실을 말이다! 기절초풍할 일이었을 것이다.

예민한 목표

언젠가 나는 한 10대 소년을 상담한 적이 있다. 그는 삶의 환경과 성경, 그리고 예언자적인 목회를 자주 본 것으로 인하여, 하나님께서 자신의 삶에 특별히 역사 하신다고 믿고 있는 소년이었다. 나는 그 생각에 동의해 주었다. 그 결과로 그는 우리 파이오니어 교회의 전도훈련팀(TIE : Training In Evangelism)에 지원했다. 그것은 신학 이론 연구와 실제적인 활동으로 이루어진 1년 장기 코스였고, 넓은 범위의 선교 노력 속에서 다른 교회들과 함께 일하며 도움을 주는 것도 포함되어 있었다. 그는 신앙과 유용성에 있어서, 그리고 외적인 모습도 성장해 갔다. 그 코스가 처음 시작될 때 그는 나를 찾아와서 자신이 가진 야망을 설명해 주었다. 그 말에 기뻐하면서 나는 이렇게 말해 주었다. "중요한 건 앞으로 1, 2년간은 여자 친구들에 관해선 잊고 사는 게 좋다는 거다. 이 과정에, 사내아이들과의 친교에, 그리고 연구와 여행 같은 것에 온 마음을 다 바쳐라." 코스를 밟는 동안 소년은 아주 정확하게 그 충고를 지켰다. 가끔씩 나는, 그 날의 코스를 마친 소년이 집에 도착하자마자 전화통을 붙들고 여자 친구에게 전화를 했다고 생각한다. 그 소녀는 아주 예뻤고, 그 소년의 목표는 다시 그 쪽으로 끌려가 버렸다. 그는 모든 시간을 그녀와 함께 보냈고 심지어는 찬양 모임을 하는 도중에도 서로 손을 붙잡고 있었다! 그저 순간적인 즐거움일 뿐이라 생각하는 사람도 있을 것이지만, 그의 유용함(활동의 필요성을 제쳐 두고라도)은 극소화되어 버렸다. 얼마 동안 선교 활동에 필요한 신학 이론과 연습에 쏟은 훈련 과정이 모두 쓸모 없게 되어 버렸다. 그 훈련을 계속 유지하는 데 드는 값을 치를 준비가 되어 있지 않았기 때문에 그는 초점(목표)을 잃어버렸다. 그는 지금 천천히, 그러나 다시금 그 초점을 되찾고 있다.

열매 없는 희생은 낭비일 뿐이다

잘 알려진 잠언의 말씀인 '묵시가 없으면 백성이 방자히 행하거니와'(잠 29 : 18)는 개인에게만 해당되는 말씀이 아니다.

나는 사람들이 믿음을 갖게 되고, 성령으로 세례를 받으며, 방언을 하고, 기도나 신유를 통해 하나님의 임재를 경험하는 것을 참으로 오랫동안 보아 왔다. 그러나 그들 중 너무도 많은 사람들이 부활을 경험하지도 않았고, 성령 충만함은 상관하지도 않는 목회자가 있는 교회를 다니고 있다.

성경에 나오는 늘 하는 말들은 불신앙을 덮어 감춘다. '종교적'이라는 말에 감싸인 완곡하고 알아듣기 힘든 표현이 그리스도 안의 개인적인 믿음이나 성경을 보는 고귀한 관점, 그리고 용서와 회복, 그리하여 새로운 시작으로 이끄는 회개의 복음 속에 있는 진정한 믿음의 결핍을 슬쩍 숨겨 주는 것이다.

몇몇 교회 안에서는 만인 구제설(Universalism)을 가르치고 있다. 결국엔 모든 사람들이 천국에 가게 된다는 얘기다. 앞으로 올 나라 안에서는 사담 후세인이 자신이 학살한 쿠르드족과 함께 차를 들고 있을 것이고, 종교적이고 불가지론자들인 세르비아 군대가 예전에 자신들이 강간했던 2만 명의 회교도 여인들에게 사과하고 있으리라. 마돈나는 틀림없이 무대 공연을 하며 낄낄대고 있을 것이며, 천안문 사태의 범인들이 어깨를 으쓱 하고는 탱크에 짓이겨진 군중의 몸과, 뒤통수에 총을 맞고 쓰러진 학생들과, 몇 십 년을 감옥에 갇혀 매맞고 굶어 죽고 고문당한 기독교 지도자들을 떠올리며 온화하게 미소짓고 있을 것이다.

이걸 알고 있는가? 거듭난 그리스도인들은 그 모든 것을 참고 견딘다! 그런 교회를 다니며, 변화가 있기를 기도하고 더 나은 것들을 소망할 뿐만 아니라, 사실 그 활동과 이상을 지지해 주기 위해 돈을 쏟아 붓고 있는 것이다. 출석이 줄어들고, 기독교에 대해 우리 아이들이 환상에서 깨어나게 될 때 그들을 단념하지 말라. 그들은 이것이 신약 성경에 나오는 기독교가 아니라는 것을 깨닫는 것보다는 차라리 10년이나 20년간 뒤로 물러나 앉아 다른 목회자를 바라는 게 나을 것이다. 주일에는 사도신경을 암송하면서 월요일에는 뭔가 다른 것을 믿는 종교가 바로 이 꼴이다. 이것은 세상이 보여주는 더러운 방식을 놓고 즐거운 양자택일을 하는 삶의 방식이며 진실한 기독교가 아니다. 그들은 아마, 값을 치르고, 교회를 변화시키고, 그리스도와 하나님의 말씀을 사모하며 그분께 헌신하는 데 주저하지 않는 사람들의 한 부분이 되기 위해서 이사까지 하기보다는, 종교적인 허튼소리로 인해서 아이들을 영원히 교회에 대해 신경 끄고 살게 만드는 것을 택할 것이다.

주동자들과 쥐고 흔드는 사람들

앨버트 아인슈타인은 그리스도에 대해 이렇게 말했다. "나는 나사렛 출신의 이 고귀한 인물에 매료되었다. 어떤 신화에서도 이렇게 생명으로 넘치는 느낌은 찾아볼 수 없다."

비전이 그리스도의 생을 가득 채웠다. 그것은 '저는 그 앞에 있는 즐거움을 인하여 십자가를 참으사 부끄러움을 개의치 아니하시더니' 바로 그것이있다. 희생과 십자기의 부끄러움이 그 비전에 의해 더욱 중요해진 것이다. 히브리서 기자는 '너희가 피곤하여 낙심치 않기 위하여'(히 12 : 2 - 4) 그리스도와, 그 생애와, 죽음과 부활, 그를 전진케 만들었던 비전에 주목할 것을 종용하고 있다.

감사하게도 자신이 가진 야망을 성취로 바꾸고자 하는, 그리고 자신을 붙들어매는 무거운 것들을 기꺼이 흔들어 떨쳐 내리고자 하는 사람들이 수없이 많다. 사람들이 자신의 고유한 비전에 초점을 맞추고 또 그 비전을 더 큰 비전에 순종시킬 때 참으로 중요한 발전이 나타나는 것이다.

값을 치른다는 것은 원천을 해방시키는 것이다. 단독 목회(one-man ministry)의 대안은 차를 몰고 이곳 저곳 돌아다니는 평신도 목회(every-person ministry)는 아니다. 결국은 단독 목회는 무기력한 심신을 만들어 내며, 평신도 목회는 혼란을 조장하게 된다.

어느 교회에서든지, 단 하나의 비전이 있거나 각자가 가진 비전을 한데 모으는 지도자 그룹(사도와 예언자들을 말하는 것인가?)이 있어야 한다. 교회는 단 하나의 비전만을 가질 수 있기 때문이다. 만약 그 교회에 여러 개의 비전(vision)이 존재한다면 그건 이미 분열(devision)이다!

주님께선 여기서 내게 한 교훈을 주셨다. 나는 늘 대중매체가 매혹적인 것이라 생각해 왔다. 나는 나 자신의 삶과 목회에 관한 30분 가량의 다큐멘터리의 주인공이 될 수 있는 특권을 누려 왔다. 그 내용은 극도로 객관적이고 또 호의적인 것이었다. 또 수십 개의 전국, 지역 라디오와 TV 프로그램에 모습을 보여 왔다. 정말 몇 분밖에 안 되는 것도 종종 있었다. 그러나 나는 적어도 하나 이상의 중요한 예언, 그리고 대중매체 속에서의 나의 역할에 깊이 관심을 가진 은사주의적 복음주의자들이나 그렇지 않은 사람들로부터도 격려의 말들을 받았다.

그리스도께 유용한 제자가 되고자 하는 사람이라면, 그 모든 것이 결국 자기중심적인 동기가 되어 버린다는 것을 주위 사람이나 비신도들이 눈치채기란 쉽다. 나는 TV에 나오고 싶어. 광범위한 문제들에 대해 나의 의견도 척척 피력하고 싶고. 이 나라에서 가장 훌륭한 경력을 가진 사람이 되고 싶단 말이야. 그런 것들이나 그렇게 생각하는 사람들이 틀렸다는 얘기가 아니다. 자기 나라에서 가장 훌륭한 경력을 가진 인물이 되고 싶어하는 사람은, 결코 집에 조용히 앉아 아무것도 하지 않고 그대로 쓸모 없는 사람이 되려고 하지는 않을 것이다. 중요 인물이 TV에 나가서 진리와 생명과 믿음의 말씀을 말할 필요가 있다. 그러나 나는 스스로에게 이렇게 질문해 보아야 했다 : '그 일을 하는 사람이 바로 나라는 사실이 가장 중요하잖은가?'

어쩌면 내가 그러리라고 생각했던 방식은 아닐 수도 있다. 나는 예언을 했고 또 예언을 받은 많은 사람들이, 자신들이 무엇에 대해 예언했으며 그것들이 또 무슨 의미가 있었는가에 대해 한 치의 실마리도 가지지 못했던 것을 떠올려 본다. 동정녀가 임신을 하고 구세주가 나무에 달려 돌아가실 것이라는 예언을 이해한 사람들은 거의 없었다. 그들은 심지어 그 예언에 대한 신학 이론까지 만들었다 : '나무에 매다는 자들에게 저주가 있으라!'

51세라는 나이에 가까워서는, 이 더디 이루는 소망이 용기를 잃게 만들고 심지어는—당치않게도—예언자적인 목회를 멸시하는 상황까지 몰고 간다고 말할 수 있을 것이다.

영국 전도자 회합의 마지막 모임에 앉아 있던 어느 날 아침, 유명한 전도자 스티브 초크(Steve Chalke)가 끝으로 성찬식을 준비했다. 속으로 나는 벌써 코트를 입고 모자까지 쓴 상태였다. 나는 아내가 보고 싶었으며, 내 책상 위에는 할 일이 얼마나 많이 쌓였을까 궁금해하고 있었다. 느닷없이 나는 정말 환상적인 생각이 하나 떠올랐다. 내가 항상 끼고 다니는 조그만 마이크로폰 브로치를 스티브에게 주어야겠다는 생각을 하게 된 것이다. 나는 이 생각에 놀라서 어리둥절해졌다. 이런 생각이 들어서였다. '이 나라에서 하나뿐인 브로치인데··· 뉴질랜드에서 산 거지. 이걸 볼 때마다 아주 중요한 사건이 생각나. 그리고 뉴질랜드 사람들을 위해 기도하는 데 많은 도움을 주잖아.' 하지만 나는 이것이 성령님의 음성이었다는 것을 시행착오(시행도 많이 했고, 착오도 많았다)를 통해서 배웠다.

모임이 끝났을 때, 나는 스티브에게로 걸어가서 중요한 말할 게 하나 있다고 말했다. 그 당시에는, 좋은 친구이긴 했으나 그렇게 특별히 가까운 사이는 아니었다. 나는 신경이 극도로 날카로워져 있었고, 아마 1파운드는 족히 넘을 이 조그만 브로치를 주는 것의 가치와 중요성을 적절히 설명할 수 없을 것임도 잘 알고 있었다. 내 신경과민 때문에

괜한 혼란이 생기지 않도록 나는 친구이자 동료인 스튜어
트 파스칼(Stuart Pascal)에게, 내가 지금 하고자 하는 말에
증인이 되어 달라고 부탁했다. 스튜어트는 17세기의 수학의
천재이자 물리학자, 발명가이며 문학의 스타일리스트였던,
분명 서구 주지주의의 가장 위대한 사상가들 중 한 사람인
블레이즈 파스칼의 후손이었다. 더듬거리면서, 나는 이 작
은 브로치가 의미하는 감성적이고 영적인 가치에 대해 설
명했다(자세히 말하지는 않았지만). 내게 커다란 의미가 있
는 것이지만 이제는 그에게 주어야 할 것 같은 느낌이 든다
고 설명했다. 또 그가 이 나라의 목소리가 되기를, 특히 TV
라는 매개체를 통하여 더욱 그렇게 되기를 기도하겠다고도
말했다. 그는 열심히 귀를 기울였으나, 공손하게 감사의 말
을 한 이외에는, 느낌이 어떻다든지 이것이 모두 무엇을 의
미하는가에 관해서는 한 마디도 하지 않았다.

값을 치르고, 그 열매를 거두자

6개월 후 스티브는 내가 런던에서 열고 있던 한 기도회에
참석했고, 우리는 그 후에 함께 저녁을 하러 나갔다. '할 얘
기가 있어요'하며 그는 미소를 지었다. 그가 해 준 이야기는
처음부터 끝까지 놀라운 것들이었다. 그 브로치를 받은 후
얼마 안되어 그는 차를 도둑맞았다. 12월이었는지라 그 차
에는 크리스마스 선물과 서류 가방, 일기장, 개인적인 서류
조금하고 그 브로치를 달아 놓은 그의 재킷 등등 귀중품들

로 꽉 들어차 있었던 것이다. 그는 차와 그 안에 있던 것들을 모두 잃어 얼마나 실망했는지 모른다고 털어놓았다. 그 중에서도 그 브로치 때문에 더욱 아쉬웠다고 했다. 그의 아내 코니도 동의하는 듯 고개를 끄덕였다. 후에 그는 경찰로부터 전화를 받았는데, 경찰은 그에게 너무 흥분하지 말라고 하며 개인적인 물건을 한두 개 찾았다고 했다. 그는 서류 가방을 찾으러 경찰서로 갔다. 가방은 텅텅 비어 있었다 —그 마이크로 폰 브로치만 빼놓고 말이다! 스티브는 내게 이렇게 말했다. "그때 난 주님께서 이렇게 속삭이시는 것 같았어요. '그것 봐라, 스티브. 내가 예언의 말을 줄 때는 그것을 꼭 이룰 것이다. 그 무엇도 나의 언약을 무효로 할 수 없단다'라고 말이죠." 그 후 얼마 안 되어 그는 영국 내셔널 TV방송국으로부터 어떤 기독교 프로의 10분 내지 15분 가량 시간대를 맡아보지 않겠느냐는 제의를 받았다! 그것은 새롭게 시작하는 두 시간 짜리, 13주 시리즈였다. 그는 GM TV의 ITV 아침 방송의 정규 프로를 맡아 지금도 계속하고 있다.

나는 내 자신을 추스를 수가 없었다. 그 일에 조그만 역할을 맡아 했다는 것이 너무 기쁘고 흥분되었으며, 이런 특권을 얻었다는 것이 정말 좋았다. 내가 모든 일의 중심이 되어야 한다는 느낌에서 해방되어, 하나님의 뜻이 내 생각의 중심이 되었다. 누가 기회를 잡고 좋은 평가와 박수 갈채를 받는가는 더 이상 문제가 아니었다. 중요한 것은 바로 신앙에 대한 기독교의 시각과 관점, 그리고 이유가 수백만의 사람들의 삶을 건드릴 수 있게 되었다는 사실인 것이다.

어떤 세대이든 죽어 가는 꿈 아니면
태어나는 꿈이기 때문에

값을 치르는 것은 의미를 부여해 준다

나는 친구 레이비 재커라이어스가 이 시대 최고의 호교교부들 중 하나라고 생각한다. 그는 얼마 전 겪은 얘기를 하나 해 주었는데, 최근에 미국 내의 최고 핵 물리학자들과 과학자들 500명 앞에서 연설을 했다고 했다. 그건 미국의 생각하는 머리들은 다 모인 집단이라 할 수 있었다. 그는 이렇게 말했다. "아다시피 말이네. 시간이 지나자 그들 중 진화나 과학에 대해서 질문하는 사람은 아무도 없었어. 각자가 다 삶의 의미에 관해서만 관심을 갖고 있었다네." 이 혼란스러운 세상에서 중요한 것과 의미, 그리고 타당성을 찾으려는 노력은 신앙인들 못잖게 믿지 않는 사람들 가운데서도 마찬가지이다.

사사기는 다소 놀라운 말씀으로 막을 내린다 : '사람이 각각 그 소견에 옳은 대로 행하였더라' 이것은 개인주의적이고 자원을 낭비하여 흩뜨리는 것이며 적절한 지도자의 자리를—하나님의 백성들을 돌보고 인도하기 위해 통치를 위임받은 위인들을 찾아내지 못했다는 의미이다. 사사기의 저자는 '자기 소견에 옳은 대로 행하는' 자들이 다 악한 사람들이라고 말하고 있는 것은 아니다. 사실 그는 '그때에 이스라엘에 왕이 없으므로'라는 구절에 관해서 실마리를 주고 있는 것이다. 지도자가 없이는 모든 사람들이 자기 마음대로 하게 되기 마련이고, 분명 가고자 하는 방향이 수없이 많아져 버릴 것이다. 지도자의 비전을 따른다는 것은 우리가 가진 비전을 포기해야 한다는 의미이다. 치루어야 할 값에는 전체가 합력하여 얻는 선(善)을 위하여 개인적인 비전을 내놓는 것도 포함되어 있는 것이다.

합력하는 비전이 없으면 결국 피로가 쌓인다. 우리는 한 개인으로서는 어느 곳에도 도달하고 있지 못하다. 우리는 어떤 특정한 시간까지 어느 특정한 곳에 도달해야 할 필요도 없다. 우리 모두가 하루 쉬는 날에 앉아서 신문을 보고 커피를 마시는 것이 얼마나 싫증나는 일인지 경험해 왔다. 조직사회, 기독교 조직사회도 포함한 사회 안의 개인은 지도자 없이 그 자신만의 일정과 고유한 비전을 가지고 물론 활동할 수는 있다. 그러나 장기적으로 보아 그 역시 피로를 생산할 뿐이다.

왜 그런가? 우리는 (우리 자신만을 위해서가 아니라) 서로를 위해서 만들어진 존재들이기 때문이다.

나는 영국과 유럽 대륙, 그리고 미국에 있는 몇 개의 성경 학교에서 가르치고 강연했었다. 어느 누구도 비전과, 그 비전을 완수하기 위해 필요한 팀 관계에 주의를 두지 않는다. 많은 대학들이 독립을 주장하고, 그래서 종종 개인들을 고립시켜서 비전을 완수하는 것을 방해하거나 혹은 아주 파괴시켜 버리는 시험에 무방비 상태로 남겨 두는 것이다. 죄는 실패를 낳는다.

이 실패한 사람들은 커감에 따라 종종 부정적이고 불만이 가득 찬 사람이 되어 버린다. 혹은 체스터튼(G.K. Chesterton)의 말처럼, '만족과는 거리가 먼' 사람이 되는 것이다. 그런 사람들은 다른 이들이 잘 되어 가고 목표를 성취하며 비전을 완수했다는 얘기를 들을 때면 혐오나 반감을 나타낸다. 우리는 우리 생각대로 실패를 하고 늙기도 한다. 교회가 각 멤버들처럼 강할 뿐일 때는, 그 힘이 사용되어지도록 하려면 한 쪽이 다른 한 쪽의 힘과 상관적으로 섞여야 한다.

인간으로서 우리는 다음과 같은 세 가지 삶의 국면을 겪어야 한다.

1. 의존(Dependency)

어머니로부터 젖을 빨거나 우유병을 물고 있는 상태를 의미한다. 우리는 누군가에 의해 씻겨지고 깨끗하게 되며, 먹여지고 안겨 돌아다닌다. 완전히, 전적으로 다른 사람에게 의존하는 상태인 것이다.

그리스도께서도 생애의 처음 얼마간은 어머니와 아버지에게 의지하셨다.

2. 독립(Independency)

일반적으로 말해서, 기독교의 테두리 안에서는 독립이란 미성숙하고 영적이지 못한, 비협력적으로 된다는 것으로 여겨진다.

그러나, 꼭 그래야 할 필요는 없다. 모든 지체는 자신이 누구인가, 그리고 앞으로 인생을 어떻게 살아야 하는가를 알기 위해서 젖을 떼듯 다른 사람에의 의존 상태에서 떨어져 나와야 한다. 다 자란 아내나 남편, 혹은 아직도 부모의 의견과 관점, 그리고 일시적 기분과 소원에 의존하고 있는 성년에 있어서는 슬프고 가슴 아픈 일이다. 부모로부터의 독립은 성장의 증거이다. 다른 사람들에게 계속 물어 보지 않고도 결정을 내릴 수 있어야 한다. 실수도 할 수 있고 다행스럽게도 그것에서 뭔가 배우기도 한다. 성공을 하게 되고 그때서야 그 사람은 축하와 갈채를 받을 수 있는 것이다.

3. 상호의존(Interdependency)

이것은 아기의 무력한 의존도 아니고, 자신들의 새로운 발판을 마련한 10대 청소년이나 초기 성년의 독립도 아니다.

이것은 대단히 색다르다. 이것은 우리의 한계와 부적절함 뿐만 아니라 은사와 재능을 아는 것과 관련이 있다. 이것은 그리스도와 그분의 말씀에의 의존에 힘입어 기능 하는 것, 그리고 비록 많은 사람들에게서 영향을 받았다 할지라도, 우리 자신의 성품으로부터 영향을 받게끔 하는 것에 관한 것이다. 그러나 만약 비전이 희생의 값을 통하여 막 완수되려고 할 때 필요해지는 기술이나 능력이 없는 것만큼이나 우리가 약점을 안고 있다는 것을 아는 것을 말한다.

성령 충만하시고 또 기름부으심을 받으셨으며, 어둠의 권세를 이기고 승리하신 우리 주님께서 가장 처음 하신 일은 나가셔서 이끌며 같이 일할 팀 멤버들을 고르시는 일이었다. 그들은 주님의 비전과 방향에 온순히 따랐으나, 그렇다고 제자들은 자신들의 꿈이 좌절되었다고는 생각지 않은 듯 하다. 몇 번이고 실수를 할 수가 있었다! 그들은 속지 않았다. 속은 사람들은 자신들이 실수하지 않는다는 것을 알고 있다. 그들은 두려움과 망설임 속에서 산다. 워싱턴의 시애틀에서 목회하고 있는 데니스 소여(Dennis Sawyer)는 이렇게 말했다. "기만과 리더쉽의 차이점은 바로 동기에 있다."

대부분의 사람들은 자신이 알고 있다고 생각하는 것보다 더 직관적으로 많이 알고 있다. 훌륭한 리더쉽이란, 비전이 요점 정리되고 반복되며, 또 그 비전을 각 개인이 받아들일 수 있도록 여지를 만들어 주는 것을 말한다. 그러면 그들은 그들 고유의 기술과 비전을 가질 수 있게 되고, 그것을 특별한 목회나 전도의 포괄적인 비전에 투자할 수 있을 것이다.

유사점을 바꾸기 위해서, 여러 개인이 여기 저기 흐드러져 있는 것 대신에 우리는 함께 모여서 훨씬 더 멋진 것을 만들 수 있다 : '똑똑 듣는 물방울의 날들은 끝났다. 강물의 날이 시작된 것이다.'

비전이란 겁나는 것이다

값을 치른다는 것은 자원을 푸는 것이라 할 수 있다. 그리고 만약 비전 있는 지도자가 한 모범으로 받아들여진 교회에 있는 사람들에게라면 협력한 비전은 의미를 줄 수 있다. 그러나 이런 기세는 반동을 일으킨다. 돈 마퀴스(Don Marquis)의 말이 옳다. "사람들로 하여금 자신들이 생각하는 자라 믿게 만들어 보십시오. 그들은 당신을 사랑할 것입니다. 하지만 당신이 그들을 정말로 생각하게 만든다면 그들은 당신을 증오할 것이오."

하나님께서 주신 비전은 설교할 수 있고, 쓸 수도 있으며, 예언의 형식으로 전할 수도 있다. 그러나 그 누구의 계시도 온전히 전해질 수는 없다. 여러분들이 줄 수 없는 단 한 가지는 그것에 포함된 값과 희생이다. 그것이 바로, 제자들의 2, 3세대가 옳은 말은 할지 모르나 왜 그들의 첫 세대보다 마음과 깊은 동정심, 그리고 확신이 결여되어 있는가의 대답인 것이다.

런던 웨스트민스터 채플의 유명한 설교자인 마틴 로이드 존스 박사는 결국 그 소중히 여기던 설교단을 떠났다. 그의 지도자 자리를 따라 많은 교회를 방문하면서, 그는 내 친구 중 한 명에게 흥미로운 두 마디를 남겼다. 하나는 그가 많은 개혁 복음주의 교회의 뒷줄에 슬쩍 앉은 후에 일어났다고 한다. "내가 그 뒷자리에 앉아 보기 전에는 교회가 그렇게 지겨운 곳인 줄을 정말 몰랐다네."

두 번째는, 몇 년간을 영적 지도자를 키우는 데 투자해 온 그가 묘한 슬픔을 느낀 후였다. "그 사람들은 이론가들이야."

그가 의미한 것은 무엇인가? 그들이 말하는 것은 어느 하나 옳지 않은 게 없었다. 그들의 이론은 하나도 틀리지 않았고, 책도 읽고, 성경도 아주 잘 알고 있었지만, 그들은 값을 치르지 않았던 것이다. 희생의 소리가 없었다.

어느 날 내가 수많은 해외의 설교자들과 웃고 농담도 하고 있을 때, 한 사람이 정말 놀라운 말 한 마디로 진행되던 집회 전체를 멈추게 만들었다. 그는 다소 호기심 어린 말투로 이렇게 말했다. "그런 유머 감각을 키우기 위해 여러분들은 참으로 고생하셨을 것 같군요." 나는 할 말을 잃었다. 나는 나 자신을 고통받아 온 사람이라고는 생각지 않았다. 특히 이 세상의 수백만의 집 없는 사람들, 굶주린 이들, 고아, 구타와 학대를 당하는 사람들의 입장을 볼 때 말이다.

그러나, 그 말은 나로 하여금 20년 전 암으로 돌아가신 부모님을 떠올리게 만들었고, 또 나의 가장 친한 친구 두 명—내가 더 이상 그들과, 그들이 갖고 있던 비전과 가치관을 함께 할 수 없었을 때 그들을 잃었던 경험을 생각나게 했다. 나는 집에서 멀리 떠나 있는 것, 시험을 물리치는 것, 실패를 고백하는 것, 그리고 공개적인 실수를 하는 것 등이 포함된 희생을 생각해 보았다.

훌륭한 지도자는 기꺼이 희생하고 값을 치러야 할 뿐만 아니라, 따르는 자들에게도 그와 똑같은 일을 하도록 만들어야 한다. 그것은 사람들로 이렇게 생각하게 만든다. "이 목표를 달성하기 위하여 나는 정말 값을 치르고 싶어하는 것인가?"

내가 이끌고 있는 서리의 교회는 안디옥 교회를 모델로 세워졌다. 우리는 훈련 과정을 통하여 많은 지도자와 연사와 음악가들과 찬양 사역자들을 배출해 냈다. 서리에 있는 모울시 햄프턴 코트와 파넘에 교회를 세웠다. 신도들은 투팅, 웬즈워스, 푸트니, 그리고 발람에 교회를 세우기 위해 집을 팔고 사우스웨스트 런던으로 이사를 왔다. 안디옥 교회는 바울과 바나바, 그리고 또 많은 사역자들을 보낸 교회이다. 우리는 성장할 수 있는 오직 한 가지 길이 우리의 최선을 다해 베푸는 것임을 배웠고, 그 특권에 대해 감사드리고 있다.

그러나 최근에 많은 영향을 통해서 우리는 교회의 모델을 에베소 교회로 바꾸기 시작했다. 에베소서는 그 도시뿐만 아니라 에베소를 둘러싸고 있는 많은 다른 마을에도 적용이 되는 편지였다. 크고, 무럭무럭 자라며, 또 건강한 교회였던 것이다. 우리는 많은 사람들을 다른 지역으로 보내는 것만큼이나, 국가적인 목회 사역을 뒷받침해 주고 지탱해 줄 우리 고유의 일을 만들 필요가 있음을 깨달았다. 우리는 우리가 만나게 될 큰 시설—빌린 공간 안에서 모이는 소모임과는 완전히 반대인 그런 시설이 있는, 수천 명이 있는 교회의 비전을 갖기 시작했다. 그 소모임은 지금까지 잘 지켜져 온 그런 좋은 모델이었다. 사람들은 300명 정도의 신도가 있는 교회에 익숙해진 이들이었다. 비슷한 수가 차면 다른 곳에 보내기를 계속하는 그런 교회였다. 다음과 같은 질문들이 쏟아졌다. "3천 명이나 되는 교회 안에서 난 어떻게 해야 돼요?" 무척 무서운 말이었다. 두려움이 사람들을 공격했다. "3천 명 안에서 아마 난 하찮고 아무것도 아닌 사람으로 느껴지게 되겠지. 100명 정도 되면 그래도 눈에 띌 수는 있겠지만."

그래서 우리는 이 '새 시설'을 위한 돈을 모으기 위해 두 가지로 분리된 예배를 드리기로 결정했다. 몇 년 동안이나 우리와 함께 했던 성숙한 그리스도인들이 알 수 없는 이유로 사라졌다. 다른 사람들은 그 문제를 놓고, 자기들은 싸울 수가 없다거나 그 비전에 동의할 수 없다고 하면서 논의를 흐리게 만들었다. 어느 날 나는 웃고 말았다. 잃어버린 자들에게 다가가자는, 모든 가정과 사업장과 학원에 복음을 전하자는 비전에 동의하지 않는단 말인가? 분별 있는 그리스도인들이라면 어떻게 그런 비전에 동의할 수 없단 말인가? 그러나 값을 치르는 문제가 있었다. 돈이 필요했던 것이다. 그들은 값을 치를 준비가 되어 있지 않았다. 감사하게도, 사람과 우정과 결의심으로 몇몇이 다시 돌아와 비전의 실현을 위해 값을 치러 주었다. 내겐 아주 힘들었다. 나는 그들이 그 의무에서 벗어났으면 했고, 나 혼자 그 값을 치르고 싶었다. 그러나 나는 합력한 비전이 완수되기 위해서는 모든 신도들이—우리와 상관없이 그들 나름대로 살 때조차, 각각 치러야 할 값이 있다는 것을 배워야만 했다.

에베소 교회는 거주하고 있는 사도들과 예언자들로 큰 교회를 돌보게 했다. 바울은 에베소에 2년간 머물며 동료들과 함께 넓은 지역을 두루 보살폈다. 그 도시는 로마 제국의 아시아 지역 제 1의 도시였으며, 모든 신들의 어머니로 추앙되었던 아데미 여신(라틴어로 다이아나)에게 헌사된 곳이었다. 전성기 때 그 도시는 인구가 5십만 명까지 된 적도 있었다. 우리는 우리가 일하고 있는 지역을 보고, 넓혀 갔으며 주님께 잃어버린 자들에 대한 신선한 마음을 달라고 간구했다. 잃어버린 영혼들과 접촉하기 위한 기도 모임들과 함께 우리가 일하고 있는 지역을 흡수하기 위해 지도자의 구조가 바뀌고 역할이 재정의 되며 사람들이 재위치 되는 것은 아주 값진 훈련이었다.

그러므로 여러분이 회의적인 것과 두려움, 걱정과 쾌락주의적인 것을 발견해 내고 싶다면, 비전을 찾으라. 여러분은 그 결과에—특히 비용의 문제가 드러날 때 더욱 놀라게 될 것이다.

비전을 추구할 때 변화가 일어날 수 있다.

비전에 투자한다는 것은 사람에 투자한다는 의미이다. 그들이 바위인지 스폰지인지는 투자한 후에 알아볼 일이다.

우리가 한 교회나 목회, 청년 혹은 어린이 그리고 예술 같은 주어진 위치 안의 특별한 사람 모임의 포괄적인 지도자 자리를 맡고 있을 때, 다른 사람들에 대한 실망－집중된 마음보다는 나누어진 마음을 발견할 때 느끼는 환멸－도 치르는 비용의 한 부분이라 할 수 있다. 비전을 완수하기 위해 비용을 예산한다는 것은 '태어나는 꿈'을 키우는 데 필수적인 요소이다.

꿈을 꾸라. 어둠에 둘러싸인 가운데 그리스도를 택하라. 비용을 예산하자. 미루어진 소망에 대해 준비하고 있으라. 뭔가 일을 망쳤을 땐 그대로 인정하라. 초점을 맞추라. 상호의존적이 되도록 함께 일하라.

자. 값을 치르고 뭔가 일을 벌였다. 여러분은 이제 교회로 눈을 돌려야 한다!

4. 교회를 제대로 세우라 ────────────

교회는 교회밖에 있는 사람들을 위해 존재하는 것이다.
윌리엄 템플 대주교

우리의 사역은 그리스도를 위하여 우리를 세상 사람들에 닿게 하려는 비전의 완수로 이끌어 간다. 이것이 바로 살면서 추구해야 할 비전이다. 그러나 거기에는 제자가 되는 것과 다른 이들을 제자로 만드는 것을 포함한, 치러야 할 값이 있다. 이것은 우리를 교회로―제자들이 양성되는 교회로 데려가 준다. 제자화라는 것은 값진 것이며 모든 것에 앞서서 와야 하는 것이다. 성경적인 제자화, 그리고 그것에 대한 관심이 부족할 때가 바로 교회를 제대로 세울 때이다.

교회를 정립할 수 있는 많은 좋고 나쁜 것들이 있다.

1. 전통이란 오래될 필요는 없다.

교회는 제자들을 만들며 이것은 종종 영향의 주요 원천이 된다. 소위 말하는, 성찬식과 변함없는 스타일과 형식을 가진 역사적인 교회들의 방식이 명백히 진실한 것인 동시에, 더 새로운 독립 교회들의 방식도 진실된 것은 마찬가지이다. 나는 최근 쓰여진 찬양들을 부르는 사람들을 의미하는 것이다(이것들은 종종 코러스(합창)라고 잘못 불리운다 -코러스는 찬송가 가사의 마지막을 의미한다).

전통이란 것이 형성되는 데에 꼭 125년이 걸려야 할 필요는 없다. 심지어 125달이 걸릴 필요조차 없는 것이다! 가장 은사주의적인 독립 교회 혹은 다른 연계 교회들에 가보라. 소프트 록 밴드나 클래시컬한 그룹들이 이끄는 매우 긴 경배의 시간을, 35분 내지 50분 동안 계속되는 설교와 호소 혹은 닫는 노래로 이어지는 모임을 볼 수 있을 것이다. 여러분은 그 영원한 문구를 잘 기억할 수 있을 것이다. "시간이 많이 지났지요? 자, 가기 전에 찬양 00번을 부를까요···!"

모든 전통이 다 나쁜 것은 아니다. 식사 기도, 모임 후에 사람들과 기도할 기회를 나누는 것, 함께 있을 때 경배와 찬양을 드리는 것, 공석에서 성경을 읽는 것, 잠자리에 들기 전 아이들과 기도하는 것 등등 모두가 훌륭한 전통들이다. 생일이나 크리스마스, 그 외 휴일들에 정기적으로 치르는 것이라고 해도, 결코 맹목적으로 집착해야 할 필요는 없는 것들이다. 이것들은 수위 사람들을 축하해 주고 진보를 재고 유용하게 쓰임 받는다는 느낌을 갖도록 도와주는 친근한 표시들이다.

그러나 모든 전통이 다 좋은 것 또한 아니다. 16세기에나

쓰던 것 같은 어려운 언어로 노래하거나 흠정역 성서를 읽어 내려가는 것은 그런 풍요한 전통을 바라마지 않는 초신자들에게는 더할 나위 없이 멋있을 것이다. 17 - 18세기 찬송가에 담겨진 귀중한 교리를 못 알아듣는다는 건 바보뿐이고, 흠정역 성서의 문학적인 언어로 쓰여진 표현이 새로운 버전(version)보다 가치 있다고도 말해져 왔다. 그러나 주위에 살고 있는 수많은 대다수의 사람들, 비신자들에게 복음을 전하는 일에 있어서 셰익스피어가 썼던 멋있는 언어는 대단히 교육을 받은 사람들이 아니고서야 그저 방해꾼에 불과해질 것이 아닌가. 크리스마스 때는 누구나 캐롤을 부르지만, 그 일을 1년 내내 하고 싶어하는 사람은 아무도 없을 것이다.

그러므로 우리가 가진 전통들에 대해 질문해 보는 것이 중요해질 것이다. 트집을 잡기 위한 비평이 아닌, 좀더 건설적이 되기 위해서이다. 어떤 사람이 언젠가 내게 공개적으로, 다소 큰 소리로 이런 질문을 던졌다. "당신은 기도할 때 왜 눈을 뜨고 하는 겁니까?" 나는 이렇게 대답해 주었다. "당신은 그걸 어떻게 아셨는지요?" 정말 이상하게도, 성경에는 기도할 때 꼭 눈을 감아야 한다는 말씀이 없다. 햄버거 먹기 전에 고개를 숙여라, 매일 아침마다 꼭꼭 성경을 읽어라, 묵상의 시간을 가져라, 주일이면 꼭 교회에 가라‥‥. 이런 말씀은 전혀 나와 있지 않다. 전통인 것이다. 로버트 브라운(Robert M. Brown)은 이렇게 말했다 : "개신교는 예배 전승을 가지고 있는가? · · · 그렇다. '칼빈파 사람들이 하기 때문에' 교회 안에서 하는 것을 의미하지는 않아도 전 승을 가지고는 있다. 칼빈은 교회 안에서 모자를 썼다. 왜냐 하면 교회가 (a)천정에 구멍이 나 있었고 (b)비둘기가 많았 기 때문이다.

2. 위기 상황이라고 반드시 재난이라는 법은 없다.

비전을 가지고 값을 치른다는 것은 개인적인, 그리고 공 동적인 위기를 만들어 낼 수 있다. 이것은 성경 안에서 믿 음의 위기를 불러오고 비전 그 자체에 도전을 할 수가 있는 것이다. 만사가 뒤틀릴 때 우리는 그리스도 안의 믿음과 그 분의 비전을 잃어버릴 수가 있다.

바울은 감옥에 있었으나, 베드로가 감옥에 있었을 때 일 어났던 지진이나 천사가 나타나지는 않았다. 그러면 이 위 기로 인해 바울은 슬퍼했어야 하는가? 아니다. 왜인가? 바 울은 목표에 도달하는 과정이 기회와 반대로 뒤섞인 '치명 적인 혼란'으로 이끌게 될 것임을 깨달았을 때 이미 자신이 품은 비전을 실현하기 위해 드는 비용을 알고 있었기 때문 이다.

요즘은 의심할 여지없이 무제한적인 기회로 가득한 세월 들이다. 그들은 또한 비견할 수 없는 반대의 때이기도 하다. 그런 충돌이 위기를 생산하는 것이다.

비전은 단지 토의나 브레인스토밍(brainstorming : 갑자기 떠오른 묘안)의 결과가 되어서는 안 된다. 그러나 어떤 비전이 효력을 나타내려고 한다면, 그것은 반드시 토론되고 묘안으로서 자리잡으며 소유되어야 하는 비전에서 퍼져 나가야 한다. 오순절은 기도의 시간, 토론, 그리고 의심 없는 질문으로 이어졌다. 이 대부분 교육받지 못한 제자들은 3년 이상을 나사렛 예수와 함께 다니면서, 한 움큼밖에 안 되는 음식으로 수천 명이 먹고 병자들이 고침 받으며 심지어 죽은 자마저 살아나는 기적을 행하시는 것을 보아 왔다. 이 격렬한 시간은 곧 체포로, 십자가 처형, 죽음으로 이어졌다. 제자들은 두려워하여 숨었으나 예수 그리스도께서는 그들에게 나타나시고 음식을 함께 나누셨다. 곧 그들은 주님의 승천을 맞게 되었다. 그리스도는 곧 '저희 보는 데서 올리워 가시니 구름이 저를 가리워 보이지 않게 하더라 올라가실 때에 제자들이 자세히 하늘을 쳐다보고 있는데 흰옷 입은 두 사람이 저희 곁에 서서 가로되 갈릴리 사람들아 어찌하여 서서 하늘을 쳐다보느냐 너희 가운데서 하늘로 올리우신 이 예수는 하늘로 가심을 본 그대로 오시리라 하였느니라'(행 1:9-11)

이 제자들이 어떠해야 했겠는지 상상해 보라. 십자가 처형의 잔인함에 이어 기적이 따랐다. 죽음에 이어 놀라운 부활이 일어난 것이다. 그것도 천사들이 그들을 방문했다. 몇 명은 무서워서 어쩔 바를 몰랐다. 또 다른 이들은 문을 잠그고 숨었다. 또 몇몇은 믿지 않았다. 그런 일이 있은 후에 그들은 천사가 그들에게 말하는 것을 들으며 주님께서 승천하시는 것을 보며 서 있었다. 만약 내가 그 제자들 중 하나였다면, 내 마음은 아마 롤러 코스터에서 못 내리고 쩔쩔매며 떨고 있는 사람의 그것과 꼭 같았을 것이다!

위기는 위기를 불러온다. 한 개인이나 교회가 늘 기도의 응답을 받고 확실한 축복 속에서 살고 있을 때는 수군거리는 이들이 없다. 그러나 축복이 거의 흩뜨려지는 것 같아 보이고 주님의 말씀이 흐르지 않으며 기도의 응답도 없고 만사가 계획대로 되가지 않는 사람이나 교회를 보면 매우 할 말이 많을 것이다. 그 개인의 삶이나 교회에 우리 왕과 그 왕국이 얼마나 많은 부분을 차지하고 있는가를 말할 수 있는 때가 바로 이 때이다. 그들이 여전히 하나님과 함께 하고 있으며, 위기를 미래에, 더 나은 날들에 하나님을 섬기기 위하여 자신들을 단련하는 계기로 삼고 있는가? 아니면 그들은 상처 입고, 남의 말을 하고 불평하면서 도망가거나, 혹은 더 특이한, 혐오스러운 죄로 돌아서 버릴 것인가?

거룩함이란 감정에 있는 것이 아니라 의지에 달린 것이다. 한 교회가 그리스도께서 주신 의무를 다하는 것이 그런 때에 시험 당하게 될 것이다. 훌륭한 제조업자는 자신이 만든 물건을 시험해 본다. 모든 교회들이 시험을 받게 될 것이다.

우리는 성경에 나오는 거의 모든 '너'라는 단어가 한 공동체로서의 의미이지 한 개인을 의미하는 것은 아니라는 것을 기억해야만 한다. 성경을 우리 고유의 말로 이해하고 우리 자신을 위해 읽으며, 우리는 주님의 오신 목적이 단순히 개인과 관련된 것이었다는 실수를 종종 저지른다. 그러나 베드로가 그의 첫 편지를 썼을 때 그것은 갈라디아, 본도, 아시아, 그리고 그 너머에까지 퍼져 있는 수천 명의 그리스도인들에게 보내진 것이었다. 그들은 '여러 가지 시험'과 유혹으로 인해 고통받아 왔다. 그러나 베드로가 쓴 것을 보라. '그러므로 너희가 이제 여러 가지 시험을 인하여 잠간 근심하게 되지 않을 수 없었으나 오히려 크게 기뻐하도다 너희 믿음의 시련이 불로 연단하여도 없어질 금보다 더 귀하여 예수 그리스도의 나타나실 때에 칭찬과 영광과 존귀를 얻게 하려 함이라'(벧전 1 : 6 - 7)

비전을 가져야 하는 이유는 바로 미래를 만들어 내기 위한 것이다.

하나님께서 위기를 허락하시는 이유는 적어도 미래를 가진 창조물들을 시험해 보고 싶어하시기 때문이다. 우리는 여기서 '잠깐 머무는' 순례자들임을 절대 잊어서는 안 된다. 왜냐하면, 영원의 광대한 바다에서 우리가 사는, 티도 안 나는 이 세월은 그야말로 '잠깐'에 불과하기 때문이다. 우리의 운명을 결정지을 이 '잠깐'을 어떻게 쓰느냐가 중요한 것이다. 우리가 하나님께 의지하느냐 혹은 그분에게서 등을 돌리느냐가 이 '위기의 순간'에 이루어지기가 쉽다.

한 개인이나 교회의 위기는 우리를 배움의 학교로 데려

다 준다. 그런 학교는 빠져나올 수 없는 상자처럼 보이지만 그 안에는 내일이 잠자고 있는 것이다!

3. 성경이 꼭 지켜워야 한다는 법은 없다.

내가 성경을 세 번째로 열거했다는 것에 놀랄 사람도 있을 것이다. 그러나, 나는 성경이 전통이나 위기보다 덜 중요하다고 말하고 있는 것이 아니다! 그런 생각이 어디 있는가! 내가 하고자 하는 것은 바로, 현실을 직시하자는 것이다. 대부분의 사람들은 침례교, 감리교, 영국 국교회 혹은 독립 교회인데, 이것은 성경을 통해서가 아닌, 전통이나 위기에 의해서 이렇게 나뉘어진 것이다.

전통은 단순히, 부모가 침례교였기 때문에 우리도 그렇게 된 것이라고도 할 수 있다. 선택적으로, 위기가 한 가족 안에서 일어날 수 있고, 여러 가지 방법으로 우리는 우리 자신이 교회에 와 있는 것을 발견한다. 얼마 전 잉글랜드의 노팅검에서 광부들 몇 명이 지붕이 무너지는 바람에 반 마일이나 되는 석탄 구덩이 속에 갇힌 적이 있었다. 그날 밤 뉴스는 이렇게 전했다 : "선술집은 텅텅 비었고 온 교회들이 사람들로 꽉 차 있있습니다." 당신이 포테이토를 우저우적 씹고 맥주를 들이키는 장소에서 반 마일이나 아래에, 함께 살던 사람들이 짓이겨지거나 혹은 질식할지도 모를 상황에 처해 있다고 생각해 보라. 누가 (감히) 술을 마시고 싶겠는가! 그 때는 희망을 찾기 위한 기도의 시간이었던 것이

다. 그 경험으로 광산 지역의 교회가 신도들로 빽빽이 들어
찼다는 사실은 주목할 가치가 있다.

세상에는 2만 2천 개의 종파가 있고 또한 매일 급성장하
고 있다. 성경의 문제에 부딪히면 사람들은 여성 지도자나
목회에서 지도자나 그 선교팀의 스타일에 이르기까지 넓은
범위의 문제들을 놓고 모두 다르게 생각한다. 구조와 책임
의 문제에 와서는 자기 마음대로 하거나, 제멋대로 상상하
고 또 아무에게도 의지하지 않는 사람들이 있다. 또 어떤
사람들은 자꾸 쌓여 가는 관료제의 무게 아래서 신음하고
있다. 성경은 우리에게 규율을 주는데, 각 개인의 삶뿐만 아
니라 교회에 관한 규율도 아울러 준다. 사실 신약 성경 안
에서조차 교회의 모델이―스타일과 강조점에 있어서―참
많다는 것은 확실하다. 규율은 반드시 인간 안에서 구체화
되어야 한다. 빌 하이벨즈(Bill Hybels)는 존 스토트와는 다
른 방법으로 할 것이며, 레이 맥컬리(Ray McCauley)도 조
용기 목사와는 다른 식으로 구체화시킬 것이다.

우리는 복잡 다난한 세상에 살고 있다. 많은 개인과 가족
들이 삶을 단순화시키기 위해 노력하고 있다. 어떤 사람들
은 비자나 아메리칸 익스프레스의 전단을 보고 물건을 사
면서, 말하기를 자신들은 다른 회사의 전단은 아예 받고 싶
지 않다고 말한다. 내가 아는 어떤 사람들은 소비를 단순화
하고 가전기구들을 좀더 쉽게 모니터하며 청구서 지불과
전단 읽는 것에 시간을 절약하고 또 잘못될 수 있는 일들을

최소화하기 위해서 가지고 있는 신용카드의 대부분을 반환하기도 했다.

교회를 생각할 때, 우리는 현실을 마주해야 한다—이제는 연사들도 많고 공개 모임들도 천지며 책, 테이프, 비디오 같은 것들도 넘쳐 나고 있다. 하나님께서는 우리가 믿는 것을 믿지 않는 이들, 혹은 우리가 하는 방식으로 일을 하지 않는 사람들도 물론 축복하신다. 우리는 단순화시켜 하나로 만드는 것을 너무 좋아한다.

그것이 문제가 되는가?

당신이 무엇을 믿고 또 어떻게 처신하는가가 아무런 문제가 되지 않는다고 하는 경향이 요즘은 매우 짙다. 한 유명한 저널리스트는 최근에, 부인과 이혼하고 다른 사람과 재혼한 연설자를 초청하기를 거절한 기독교 조직을 혹평하는 연설을 했다. 분명히, 그리스도께서는 많은 죄인들에게 연민을 보이시고 용서를 베푸셨다. 그러나, 전부는 아니라도 대부분이 훈련된 신도들이 아니었다. 예수께서는 죄인들을 힘없는 자들과 권리를 빼앗긴 자들과 동일시하셨다.

그러나 믿는 자들(그리스도의 제자들이라고 단언해 온 이들)의 얘기로 와 보면, 우리는 동정과 자비에서 책임으로 얘기를 옮겨간다. 만약 위에서 말한 기독교 조직이 한 연설자를 두고 그의 이혼과 재혼(그는 아내를 떠났다) 때문에 그를 무자비하고 또 무관심하게 거절한다면, 그것은 어쩔 수 없는 일일 것이다. 하지만 그들을 잘 알고 있는 내가 상상할 수 있는 것은, 그런 사람들을 두고 마음속을 잘 살피는 것이 예수님의 태도라는 관점에서 계속되어야 하고, 우리가 보내는 신호, 특히 감수성이 예민한 젊은이들에게 보내는 신호가 또 한 가지이다. 그리스도인들이 양을 돌보는 목자보다는 바리새인들의 음성으로 말하는 때가 간혹 있다. 그러나 우리는 또한 또 다른 종류의 신호, 이를테면 네가 무엇을 믿는가, 네가 어떻게 처신하는가는 아무런 문제가 되지 않는다는 내용의 신호를 보낼 위험에 처해 있는 것이다. 하나님께서는 요즈음 모든 부류의 사람들에게 축복을 주신다. 그들이 무엇을 믿건, 어떻게 살건, 어떻게 처신하건 말이다. 성경 안의 모델들은 이제 시대에 뒤져 버렸다. 훈련이란 단지 따르고자 선택을 하는 개인적인 것에 불과하지 통일된, 공통적인 훈련은 없다. 모든 자유주의처럼, 이것도 그 심장부에는 죽음의 소원을 가지고 있다.

예수님께서 가장 사랑하셨던 제자 요한은 주님에 대해 말하기를, 하나님의 영광을 '은혜와 진리로 충만한' 그리스도 안에서 보았다고 했다. 우리들 중 몇몇은 은혜로 충만하나 어떤 상황에 처하게 되면 진리란 일회용의 상품이 되어 버린다.

또 다른 이들은 진리 위에 굳건하지만, 여러 가지 상황에서 주님께서 보여주셨던 노력과 은혜를 결여하고 있다. 윌리엄 블레이크(William Blake)의 시를 보자.

고약한 의도를 가지고 진실을 폭로할 때는
온갖 종류의 거짓말이 따르는 법

이런 복잡한 것들을 놓고, 어떤 이들은 우리가 자신을 그리스도인이라 부르는 것은 아무런 문제도 되지 않는다고 한다. 바로 여기에 문제가 있다. 뉴스를 보니 끔찍하게도, 베이루트에서 수십 명의 학생들과 부모들이 기관총 난사로 죽임을 당했다는 소식이 있었다. 누가 이런 만행을 저질렀는가? 기독교 재향군인들이었다. 자, 이것이 바로 내가 결코 개입하고 싶지 않은 기독교의 한 부류이다.

당신의 이름은?

나는 또, 한 미국 성공회의 주교가 실질적인 동성애를 승인했을 뿐만 아니라, 사실 두 남자를 교회에서 결혼까지 시켜 주었다는 얘기를 들었다. 이제 나는 동성연애자들과, 동성을 향한 강한 유혹과 싸우고 있는 사람들에 대해 크게 마음을 쓰게 되었으나, 나는 성경에 기초를 두고 생각해 봐서, 한 인간이 어떤 것에 이끌린다는 이유 하나 때문에 곧 그것에 순응하여 살아가야 한다는 결론은 쉽게 나오지 않는다. 그러므로 나는, 자신의 도덕적 약점과 산만한 신학 이론에 맞추기 위해 신약 성경을 맘대로 검열하고 있는 기독교 자유주의자들과 나 자신을 동일시하고 싶지 않다.

그러므로 이제 우리는 우리 자신과 또 다른 이들을 무엇으로 불러야 하는가의 문제에 맞닥뜨린 듯 하다. 이것이 중요한가?

약상자 안에 독약을 두고 라벨을 잘 붙여 두지 않은 결과 자신의 아들이 급히 병원으로 실려 가는 모습을 바라보아야 한 어머니에게 물어 보라. 전기 배선 공사를 할 때 주의 사항을 잘 읽지 않아 지금은 3도 화상을 입고 병원에 누워 있는 전기공에게 물어 보라.

우리의 이름이 은사주의 교회인가 복음주의 교회인가가 중요한가? 미국의 복음주의자들은 교리에 충실하고 경험은 경시하며 종종 지루하다고 알려져 있다. 만약 여러분이 교육을 잘 받은 백인이며 중류층이라면 복음주의적 교회는 잘 맞는다. 그러나 복음주의자들은 은사주의 교회를 열정과 열망으로 가득 차 있긴 하나 이해와 진리를 중시하지 않는다고 본다. 공영 방송에서 베니 힌이 삼위일체에 대한 질문을 받았을 때, 그는 하나님의 위격(位格)이 (삼위가 아니고) 아홉으로 되어 있다고(이 발언에 그는 나중에 사과했다) 대답했고, 복음주의자들은 수치심에 고개를 숙이거나 크게 웃어 버렸다. "사람들을 쳐서 그들을 성령 안에서 넘어지게 해요. 좋아요, 하지만 성경 말씀에 관해서는 말할 시도도 마시오─생각도 하지 말라구!"하고 누구는 말했다.

영국에서는 누구나 보수 복음주의자(이것은 보통 은사주의자가 아니거나, 극단적인 경우에 반(反) 은사주의 교회를 의미하는 것이다)거나 아니면 은사주의적 복음주의자로 나뉜다.

이 문제를 다른 각도로 조명해 보자. 내 이름은 제럴드 코츠이다. 무엇보다도 나는 코츠 가족 구성원의 한 사람이지만 나를 형님 로이나 누님 미리엄과 구분지어주는 특징은 내가 제럴드라는 것이다. 그러나 우리를 하나로 결합시켜 주는 것은 가족의 성(姓)인 코츠이다.

그리스도인으로서, 우리 가족의 이름은 복음주의자이다. 성경, 예수님, 어둠의 권세, 천국과 지옥, 내가 살아야 할 방향을 결정 지어 주는 복음, 내가 설교하는 것, 그리고 나와 같이 일하는 사람들 등등에 대해 내가 믿고 있는 것을 나타내 준다. 그것들은 경험과는 관계가 거의 없다. 그것들 대부분은 내가 믿는 것과 관계가 있다. 부분적으로 전통이나 기술, 그리고 교파에 따라 다른 가르침으로 인해 나와는 다르게 일하는 사람들이 천지이다. 하지만 나는 그들과 교제를 갖고 있을 뿐만 아니라 같이 일하기도 한다. 왜냐면 그들은 무엇보다도 복음주의자들이기 때문이다. 존 스토트, 마이클 그린, 콜린 다이, 플로이드 맥클렁, 그래함 켄드릭, 토니 캠폴로, 클리프 리처드, 이슈마엘과 라인하르트 본케 등등은 내가 그 동안 함께 일할 수 있는 특권을 누려 온 사람들 중의 몇몇이다. 나는 그들과 오순절의 체험에 바탕을 둔 것이 아닌, 그리스도와 구원, 영원에 대해 그들이 믿고 있는 것에 바탕하여 말씀을 나눈다.

더럼의 전(前) 주교인 데이빗 젠킨스(David Jenkins)는 동정녀 탄생과 그리스도의 육신의 부활, 그리고 그분의 육신의 재림을 믿지 않는데, 나는 그와 신앙의 기반을 나누기가 어렵다는 것을 발견했다. 그가 성경을 보는 관점은 나와는 너무도 달라서, 어떤 대화를 하든지 우리는 날카로운 의견 차이를 보였고 그것은 기독교의 전체적인 메시지의 토대를 기본적으로 허물 정도가 되었다. 예를 들어, 예수께서는 살아 계신가 그렇지 않은가. 기적은 일어났는가 아니면 환상 속 이야기일 뿐인가. 예수께서는 육신으로 돌아오실 것인가 아니면 우리는, 우리 자신을 산산조각으로 날려 버리거나 '알약과 해부용 메스'로 서로를 쓸어버릴 때까지 기다려야 하는가.

내가 종종 말했듯이, 우리는 성경에 대해 이렇게 말해서는 안된다. "글쎄요, 성경에 있는 말이니 옳겠지요." 그것보다는, 다음과 같은 지식으로 무장하고 말하도록 하자. "틀림없이 옳습니다—그러니까 성경에 쓰여 있지요." 윈스턴 처칠(Winston Churchill)은 이렇게 말했다. "진리란 논쟁의 여지가 없는 것이다. 공포가 진리를 겁주고 멸시가 이것을 조롱하며 악함이 이것을 왜곡할지라도, 그곳에 그대로 있는 것은 마찬가지이다."

진리는, 우리 모두 잘 알듯이 가끔 상처를 준다. 그러나 고통 없는 세상이 반드시 좋은 세상이라고 할 수는 없는 것이다.

새로운 진리 만한 것은 아무데도 없다. 서머셋 모옴(Somerset Maugham)의 말을 들어 보라. "위대한 진리는 새로운 것이 되기에는 너무도 중요한 것이다."

복음주의적 믿음

그러면 복음주의자들이란 누구인가? 그들은 어디서 왔으며, 무엇을 믿는가? 만약 지금까지 여러분이 그 이름을 교파를 나타내는 꼬리표나 성령의 체험으로만 알려진 것으로 만족해 왔다면, 지금 이 질문에 여러분은 흥미 있어 할 것이다.

복음주의적 가르침은 복음주의적 교리에서 온다. 우리는 우리가 믿는 것을 가르친다. 복음주의적 교리는 기독교 시대의 1세기로 거슬러 올라가는데, 간단한 말의 모음이 그리스도인들이 믿는 것이라는 것을 사람들로 이해시키기 위해 강령을 한데 모았다.

복음주의자들은 다음을 주장한다 :

성경은 생명의 근원이 되시는 하나님의 음성을 통하여 그분의 진리를 나타낸 책이다.

하나님은 전능하신 창조자이다. 우리는 그분의 피조물이며 다른 생명체들과는 다르게 우리는 그의 형상을 따라 지으심을 받았다.

하나님은 예수 그리스도를 통하여 인간사에 개입하셔서 인간 구속의 역사를 일으키셨다.

하나님의 본질은 삼위일체(하나님 아버지, 그 아들 예수님, 성령님)이다.

예수 그리스도는 동정녀의 몸에서 나셨으며 완전한 하나님인 동시에 완전한 죄 없는 인간이셨다. 회개하는 모든 죄인들을 위하여 십자가에 달려 돌아가셨으며 땅에 묻히시고 다시 육신이 부활하셔서 승천하셨다.

죄의 심판은 모든 인간들에게 있어 현실이다. 그러나 하나님은 성령에 의한 예수 그리스도를 통하여 우리에게 복음을 전해 주셨다.

예수 그리스도는 그분을 따르는 자들이 왕국을 찾을 때 그분의 교회를 세우실 것이다.

우리가 아는 대로, 말세는 예수 그리스도의 재림, 모든 이들의 부활, 최후의 심판, 천국과 지옥으로 표현될 것이다.

이를테면, 복음주의적 신앙은 전통적인, 정통파 신앙이라고 할 수 있다.

우리가 맡은 기능은, 그리스도를 흥미 있고 이해하기 쉽게 전하는 일이다. 은혜, 인자하심, 용서, 그리고 타인에 대한 우정이 그리스도를 흥미로운 분으로 만든다. 하지만 그분을 모르는 사람들에게 쉽게 전달하기 위해서는 어떻게 해야 하는가? 우리는 우리가 하는 이야기의 중요성을 반드시 정당화할 수 있어야 한다는 것에 해답이 있다. '내가 소경으로 있다가 지금 보는 그것이니이다'라는 고백은 지금 막 기적을 받아 고침 받은 사람에게 딱 좋은 말이다. 그러나 이미 지적했듯이, 이것은 5년 후의 그리스도의 제자의 모습으로서는 그리 좋지 않다. 자신에게 기적을 베푼다는 사실 때문에 그를 따르는 것은 어느 수준에서는 이해할 수 있으나, 초자연적인 것은 천국과 성령과 천사들에게만 제한되어 있는 것이 아니다. 여러분의 인생을 망치기 위해 기적을 베풀어 줄 악한 어둠의 세력이 있는 것이다.

불가지론자로서는 이렇게 물어 볼 권리가 있을 것이다. "왜 당신들 이야기, 당신들의 신앙만 그렇게 중요합니까? 왜 그것이 이슬람이나 힌두교, 아니면 무신론자들의 믿음보다 더 중요해야 하는 거지요?" "친절하고 다정하며 관용적이면 충분하지 않습니까?" 우리는 이런 질문을 받게 되어 있다. 우리는 우리가 가진 진리를 확신할 필요가 있다.

신도의 두뇌

감정에 깊이 호소하는 영화 JFK를 보면, 케네디 대통령의 죽음 이후 몇 년이 지나 행해진 조사에서 한 조사원이 방으로 뛰어들며 소리친다. "대통령의 뇌가 사라졌습니다!" 그가 총알을 앞에서 맞았는가 뒤에서 맞았는가, 그것은 잔디 언덕 쪽에서였는가 교과서 창고로부터였는가의 문제는 아직도 수십 명의 글쓰는 이들의 호기심을 부추기고 있다. 대통령의 뇌는 제거되어 포르말린 액에 보존되었다. 그 미국의 영화 제작자가 미처 몰랐던 것은, 영국에는 '스피팅 이미지(Spitting Image : 꼭 닮은 것)'이라는 풍자적인 꼭두각시 공연이 있다는 것이다. 레이건 대통령이 머리와 어깨만 있는 꼭두각시 인형으로 등장하는데, 그 머리 꼭대기 부분은 경첩이 달려 열렸다 닫혔다 하게 되어 있다. 매주마다 그 머리 꼭대기는 들어올려지고 누군가가 소리치곤 한다— "대통령의 뇌가 사라졌네!" 그가 연설에서 실수를 하거나 말도 안 되는 정책을 승인하거나 할 때 특히 그렇다.

TV 세대에 살면서, 사람들은 아무것도 생각하고 싶지 않을 때 TV를 켠다. '하층민들(EastEnders)'이나 '치어스(Cheers!)', '이웃들(Neighbours)', 혹은 '쥐라기 공원(Jurassic Park)' 같은 프로그램, 또는 넘쳐 나는 토크쇼, 로큰롤 공연 같은 것에 얼을 빼고 있는 것이 훨씬 쉽다. 그럼으로써 우리는, 닐 포스트맨(Neil Postman)의 말을 따르면, "즐기면서 우리 자신을 죽여 가는" 것이다.

학교나 대학, 직장에서 (머리가 텅 빈) 한 그리스도인과 그의 동료 사이에서 벌어지는—있을 법하지 않은—대화를 상상해 본다.

"왜 자넨 기독교를 믿나?"

"그리스도께서 날 용서하시고 더 나은 인간으로 만들어 주셨기 때문이지."

"그걸 어떻게 알지?"

"글쎄, 그렇게 하셨으니까."

"아니, 자네 행동이 바뀐 것이 그리스도 때문이라고 어떻게 단정지어 말할 수 있냐고?"

"성경에 그렇게 씌어 있어."

"그럼 성경은 왜 믿나?"

"하나님의 말씀이니까."

"그게 하나님의 말씀인지 자넨 어떻게 아나?"

"글쎄, 당연한 것 아닌가 · · · ?"

"무슨 근거로 그렇게 대답을 하는 거지?"

"수백만 명이 그렇게 믿고 있으니까!"

그리스도인들의 뇌가 사라져 버렸는가?

이제 생각하는 사람은 여러분의 새로 발견한 신앙이나 낙관주의를 무감각하게 흩뜨려 버리지는 않을 것이다. 그는 더 사랑스러운, 돌보는, 희생적인 삶을 비난할 것 같지도 않다. 그가 할 만한 것은, 이 모든 것이 단순히 심리학인지, 아니면 여러분이 여러분의 신앙이 다른 이들의 것보다 우월하고 기독교의 배타적인 주장이 옳다는 것에 어떤 이유가 있는지를 물어 보는 일이다. 이것이 왜 성경과 성경에 관한 많은 책들과 옹호론(신앙의 방어)이 중요한가의 이유인 것이다. 우리는 모두 학자는 아니다—나 자신은 확실히 아니다—하지만 만약 그리스도와 신앙과 제자화가 삶에 있어 가장 중요한 것이라면, 그것들은 단지 목사님이 하는 말에, 그분이 말했기 때문에 동의만 하는 것보다는 더욱 가치가 있을 것이다.

만약 다른 사람들이 우리를 보는 방법으로 우리 자신을 볼 수 있게 된다면 우리는 아마 (뭔가 잘못된 줄 알고) 눈을 조사해 볼 것이다! 타인이 우리를 들어주는 방법으로 자신의 소리를 들을 수 있다면 우리는 귀도 조사할 게 틀림없다.

많은 사람들이 삶을 경주에 빗대어 적자생존에 대해서 이야기한다. 복음의 영광은 이런 것이다. 평범한 이들이라기보다는 아무 것에도 적합치 않은 우리들을 변화시키는 것이다.

아마도 우리가 타인에게 손을 뻗는 데 실패하고 우리의 신앙을 흥미롭고 이해하기 쉽게 전하지 못하는 이유 중의 하나는, 우리가 '왜 믿는가'의 이유를 확신하지 못하기 때문이다. 마음속에는 좋고 옳은 것은 다 들어 있다. 생각 속에는 뭔가 전혀 다른 것이 들어 있다. 사실, 밖으로 손을 뻗어 도움을 주지 못하는 교회는 아마 사라질 것이다.

성경에서 찾을 수 있는 진리의 말씀은 단순히 한 인생을 형성하라고 존재하는 것이 아니다. 교회를, 국가를 형성하라고 있는 것이다. 손을 뻗는 교회는 아마도 그들이 믿는 것과 왜 그것을 믿는가를 알고 있을 것이다. 많은 사람들이 잠시 동안 말하는 것을 멈추고 생각을 해 봐야 한다. 책을 좀 읽도록 하자—우리 것들보다는 다른 연계 체계나 그룹의 기독교 서적 등을 말이다. 누군가 이렇게 말했다. "사고(思考)란, 당신의 입이 다물어져 있을 때 당신의 머리는 계속 당신에게 말을 걸고 있는 것이라 할 수 있다."

나는 우리 시대, 혹은 우리 시대의 교회를 말하기 위해 역사 학자들을 원하지는 않는다. 그것들은 성경이나 성령에 의해서 보다는 TV 드라마와 연예인들에 의해 틀이 잡히기가 쉽기 때문이다.

4. 성품과 지도력, 그리고 목회

완전히 성경에 어긋난 생각이 있다. 인생과 성품은 기껏해야 천한 것이라는 생각이 많은 교회들에 일반적이라는 것이다. '저를 십자가 뒤에 숨기소서'라든가 '날 찬양하지 말아요. 예수님께 영광을 돌리세요'같은 성경적이지 못한 구절들이 이 허위를 부추긴다. 인간으로서 우리는 하나님의 형상을 따라 지음 받은 존재이다. 그 복음은 우리로 우리의 인간성을 돌려주게 한다. 죄는 용서받고, 마음도 바뀌었으며, 우리 생각은 성경과 성령을 통하여 천천히 새로워진다. 그리고 피조물로서 우리는 창조자 하나님께 영광과 존귀를 돌린다. 하지만 '나는 아무것도 아니에요'라는 말을 한다면, 그분의 위대하심과 아름다우심과 비교해 우리가 가끔씩 그렇게 느낀다 하더라도, 그것은 우리 하나님을 깎아 내리는 행위인 것이다.

성경과 인간성

신약 성경의 거의 모든 페이지에서 우리는 서로 사랑하라, 서로 섬기라, 서로 존경하라, 서로 높여 주라, 자신보다 남을 더 생각하라는 말씀을 접할 수 있다. 우리 자신을 경멸할 때 우리는 다른 사람을 경멸하고 있는 것과 다름없다.

지도자의 자리에 대해 얘기하게 되면, 우리는 그들을 사

랑하고 지지해 주며 기도해 주라는 것뿐만 아니라, '이중의
경의'를 표하라고 들어 왔다. 서구 사회의 사고방식으로 생
각해서 이것이 얼마나 어렵건 간에, 이것은 재정적인 지원
을 배경으로 씌어진 것이다. 노골적으로 말하자면, 우리는
지도자 자리에 있는 사람들에게 두 배의 봉급을 준다는 의
미이다! 내가 아는 대부분의 기독교 지도자들은 평균보다
못한 봉급으로 어려워하고 있다. 다음과 같은 사고방식 또
한 주위에 많다. "주여, 지도자들을 겸손케 하소서. 우리는
그들을 가난하게 하겠나이다!"

언젠가 예수님께서는 가죽부대 안의 발효된 새 술에 대
한 놀라운 이야기를 하셨다. 달콤한 술이 유연한 술부대에
들어갔을 때 그곳에는 아주 활발한, 부글부글 끓는 활동이
일어났다! 가스가 나옴에 따라 가죽부대는 부풀어올랐다.
그러나 부대는 점차 유연성을 잃어버렸다. 이 이야기에서
말하고자 하는 것은, 발효된 술을 다른 유연한 가죽부대에
옮겨 넣지 않는다면 원래 담겨 있던 부대는 찢어질 것이고,
결국 부대와 술을 모두 잃게 될 것이라는 것이다.

많은 사람들이 성령이라는 새 술(술에 취하라는 의미가
아니고 성령 충만하라는 의미이다)을 융통성 없는 교회 구
조에 집어넣는 것은 그 교회도 날려 버리고 성령이라는 술
도 잃어버리는 결과를 초래할 것이라고 설명을 했었다. 많
은 지도자들은 자신들이 생각하고 있던 모든 것을 하고, 회
중도 모두 찬성해 줄 때 행복하다. 그러나 일단 사람들이

성령으로 충만하게 되면(진정으로 그렇게 되면) 생각과 감사가 함께 나오게 된다. 그리고 자신들이 생각하고 있던 것을 말하고 그것에 대한 감사가 곧 뒤따른다.

어떤 사람은 말하기를, 교회가 맞닥뜨릴 수 있는 가장 위험한 믿음은, 행하고 있는 방법은 절대 못 바꾼다고 고집부리면서 전달하려는 메시지는 좀 변해도 괜찮다는 관대한 (?) 규칙을 적용시킨다는 것이다!

이것은 목자가 되는 지도자가 그의 양들보다 몇 발자국 앞서 있어야 한다는 것으로 이어진다. 유사성을 달리 하기 위해서, 지도자는 자신을 지도자로서 보는 사람들보다 좀더 성숙하고 좀더 성령이 충만해야 한다. 지도자가 된다는 것은 사람들이 당신을 본다는 것, 신뢰를 얻는 것, 공적, 사적인 상황에 당신이 어떻게 대처하는가를 바라보는 것을 수반한다. 수많은 관점에서 볼 때, 지도자가 된다는 것은 타인의 모범이 된다는 것을 의미한다.

군주제와 관련한 잉글랜드 최고의 논쟁점은, 왕가 안에서 벌어지는 그 많은 결혼의 파경이 바로 그들은 더 이상 그 국가의 모범이 아니라는 것을 의미하는 것이다. 이런 문제가 떠오른다. "그런데 왜 군주제를 계속해야 하는가?" 물론 우리는 여기서 이중적인 기준을 갖고 있다 : 간음죄를 저질러도 된다. 당신은 왕족이나 국회에 있는 사람이 아니니까. 후기 기독교의 영국에서도 간음죄나 동성연애, 혹은 성행위를 저지르다 발견된 사람은 직장을 잃기가 쉽다. 그러나 최소한 우리가 외면하거나 위선적이 되기 쉬운 원칙들이 몇 가지 있었다. 많은 상황 속에서, 그런 원칙들은 남지 않았다.

지도자의 자격

한 지도자는 길을 알고 길을 보여주며 그 길로 가는 사람이라고 정의되어 왔다. 이것은 소모임장, 청년 지도자, 교회 안의 목회자, 팀이나 음악 단장 등등에도 적용된다.

기독교에서 보면, 그것이 왜 우리가 자만심 강하고 이기적인 지도자를 신뢰하면 안 되는가의 이유이다. 지도자에는 두 부류가 있다 : 뭔가를 '하고' 싶어하는 지도자와 뭔가가 '되고' 싶어하는 지도자의 두 부류이다. 뭔가 하고 싶어하는 지도자는 단순히 무언가 되고 싶어하는 사람보다 더욱 신뢰를 받게 마련이다. 그러나 그리스도인에게 있어서는 존재가 행동에 우선한다. 우리는 인간(human being)이라고 불리지 행위자(human doing)라고 불리지는 않는다.

그러면 적절히 교회를 정립하기 위해 필요한 지도자의 자격이란 무엇인가?

비교적 긴 기간 동안 버텨라 : 사무실을 얻는 기술이 그 사무실을 유지하는 기술과 늘 일치하는 것은 아니다. 인생이나 교회는 며칠 혹은 몇 달만에 이루어지는 게 아니라 몇 년이 걸린다. 우리는 교회를 더 큰 지위로 올라가는 발판으로 여기지 않는 그런 지도자가 필요하다. 그것보다는, 지도자 자리는 우정이나 직분, 장기간의 목표를 이루는 문제에서 교회가 주장하고 있는 것에 또한 주의를 기울여야 한다.

기회주의자 : 나는 이것에 다소 거부감을 느꼈으나, 이것은 비관주의자들보다는 성경적인 기독교 정신에 더 근접해 있다. 그리스도인은 소망으로 가득 차 있고, 주어진 모든 문제에서 기회를 찾는다ㅡ주어진 기회에서 문제점만 찾고 있지는 않다. 비전 있는 지도자는 복음을 나누고 부족한 사람들을 위해 기도하며, 축복을 보류하는 것보다는 축복할 기회를 찾는다. 종교적인 다원주의는 하나의 기회로 보아져야 한다. 그 다원론이 현실을 죽이고 이성을 마비시키기는 하지만 말이다. 우리가 살고 있는 사회는 매우 세속화, 다원화, 그리고 사생활 중심이 되어 버렸다. 그리고 전형적인 실존주의의 비참한 결말로 끝날 것이다. 현명한 지도자들은 자신들의 주위를, 질문하는 데 망설이지 않는 사람들로 둘러쌀 것이다. 그러나 이것은 다른 목회의 특질의 긴장보다는 지지로부터 나오는 것이다.

상관적인 연결망 : 많은 그리스도인들은 비판에 의해 구조되는 것보다는 칭찬에 의해 망하는 것을 더 좋아한다. 지도자들은 조그만 연못 안에서는 큰 고기가 될 수 있다. 한 연결망을 넘어 관계를 갖고 모임을 만드는 것은 건전함과 안전을 보장한다. 지도자가 입력보다 출력이 많을 때, 특히 목회의 스타일이라든가 내용에 관한 질문들이 심심찮게 나오게 될 때는 언제나 위험하다. 이끌고 있는 집회나 의견이

같은 지도자들의 연계 체계를 넘어선 관계는, 타인들에게서 얻을 기회와 건전한 견제와 균형 감각을 증가시켜 준다. 내 동료 한 사람은 언젠가 말하기를, "이 때는 역사에서 하나님께서 뭔가를 하시기에 가장 어려운 시기 일거야. 우리 모두 그걸 알지!"라고 했다. 연계 체계, 다른 사람들과의 관계, 신앙의 나눔, 우리의 교회학과 종말론 등은, 우리의 이해력과 전망이 얼마나 얕고도 제한되어 있는가를 종종 나타내 준다.

하나님의 나라 사람 : 예수님께서는 사역을 하실 때 두 가지를 말씀하셨다. 한 가지는 하늘에 계신 아버지였고, 다른 하나는 지상의 하나님의 나라였다. 하나님 나라를 위한 의무는 교파를 능가해야 하는 것이다('교파(Denominations)'를 어구전철[2]해 보면 '시온에서 만들어지지 않은 것(Not Made In Sion)'이 된다!). 하나님 나라에 대한 비전과 가치는 주님을 기쁘게 해 드리기 위해 교회의 한 부분을 구성하려는 그리스도인의 삶을 특징지을 것이다.

섬기는 지도자 : 명확하고 담대한 지도력을 발휘하는 것과 하나님과 그 백성의 종으로 행동하는 것 사이에는 갈등이 있다. 먼저 것은 지배, 교묘한 처방, 통제, 그리고 우월한 태도 등으로 끌고 갈 수 있다. 한편으로, 단순히 사람들의

---

2) 어구전철(語句轉綴) : 철자 위치를 바꾸어 새 어구를 만들기.

필요만 받들며 다니다가는 지도자의 위치라는 자체가 없어질 것이다. 그리스도께서는 발을 씻기셨고 아침 식사를 준비하셨으며 제자들 중 의기소침해진 자들을 격려하셨다. 그러나 그분은 도덕적 가르침이나 사랑과 희생의 문제에 대해 말하실 때는 명확한 지도력을 보여주셨다. 내 생각에는, 그분의 섬기는 리더쉽이 그 무리를 3년이 넘도록 함께 할 수 있게 한 접착제와도 같았다고 말하고 싶다.

심리학자들은 인간에게는 6가지 기본적인 요구 사항이 있다고 한다. 지도자는 이것에 주목하는 게 현명할 것이다. 행복하고 싶어하고, 사랑 받고 싶어하고, 세상에 이름을 떨치고 싶어하며, 안전을 찾고, 중요한 것을 경험하고, 편해지고 싶어한다는 것이다.

그럼에도 불구하고, 성경적인 목회 지도자 자리는 단순히 사람들의 요구 사항들만을 안다고 운영이 되는 게 아니다. 그것이 바로 20세기의 종교적 저주인 것이다. 목회의 목표는 사람들로 하여금 사랑 받도록 도와주고 중요성을 부여해 주며 그 외 위에 열거한 일들을 이루어 주는 것뿐만 아니라, 그들이 성장할 수 있도록 도와주어야 한다. 목회의 역할은, 그 동안 자기 자신에 대해 책임지지 않아 왔던 사람들을 책임져 주어야 한다. 그들에게 책임감을 가르쳐서 자신에게 책임감을 갖도록 해 주라. 궁극적으로, 그들이 성장하여 적절히 모습을 갖추게 되었다면, 그들도 또한 다른 사람에 대한 책임을 맡을 수 있어야 한다. 그것이 바로 성숙한 교회이다—좋은 전통을 이룩한 교회, 위기를 거쳐 온 교회는 성경 말씀이 그 교회의 모든 영역에 영향을 미치도록 하며 지도자를 따른다. 그것으로 그들은 더욱 예수님의 모습을 닮아 가는 것이다.

에이브러햄 링컨은 쓰디쓴 경험을 통하여 이런 통찰력 있는 말을 남겼다. "한 인간 스스로 할 수 있고, 또 해야만 하는 일을 대신 해 주며 그를 영원히 도와줄 수는 없는 것이다."

우리는 그 비전이 우리를 사역으로 이끄는 것을 보았다. 사역은 우리의 '목적 있는 여행'에 드는 비용을 마주할 수 있게 도와준다. 희생을 통해 우리는 제자화시키고 교회를 만드는 것이다.

그러나 이것들을 진정으로 받아들여 실천하는 성도들은 천국을 기쁘게 하기도 하지만 동시에 지옥을 골치 아프게 하는 셈이 되는 것이다. 자, 반대자들은 어떻게 할 것인가?

5. 반대자들을 대면하라

우리는 싸워 보지도 않고 이미 패배했다.

윈스턴 처칠

사역이 없는 비전은 곧 무용지물이 된다.

희생을 생각지 않는 사역은 얼마 가지 못한다.

값을 치른다는 것은 지역적, 국내적인 수준으로 교회를 제대로 세우는 것을 포함할 것이다. 우리가 교회 안에서 하는 모든 것은 우리가 세우고 있는 목표의 관점에서 평가되어야 한다.

일단 비전을 갖게 되고 사역이 따르고 희생을 따져 보게 되고 값을 치르게 되면, 반대 세력들이 끈덕지게 그 심술궂은 머리를 들어올릴 것이다. 천국을 기쁘게 하고 싶은 개인이나 사람 모임은 누구든지 지옥을 화나게 할 것이다. 하나님을 기쁘시게 하고 그의 말씀을 지키기 원하는 사람들이 천국의 도움을 기대할 수 있는 반면, 또한 우리로 주의 뜻을 이루지 못하게 방해하려고 많은 형태로 다가오는 반대 세력도 생각해야 하는 것이다.

종교적인 방해물

하나님의 백성은 절대적인 것 없이는 살아남지 못한다. 하나님 보실 때 절대적으로 옳고 또 절대적으로 틀린 것이 있다. 먼저 것을 따르기로 작정한다면 여러분은 그리 곤란한 일을 겪지는 않을 것이다. 나중 것으로 작정한다면 여러분은 그리스도인이라 주장하는 사람들에게서 받는 적대감에 놀라게 될 것이다. 그러나 이러한 절대적인 것들에의 집착 없이는 교회는 사역을 다할 수 없다. 마치 배 하나가 별들의 지속적인 움직임을 보며 길을 잡아 나가는 것처럼 말이다.

예수 그리스도가 물로 세례를 받으시고 성령 충만하신 후에, 그분은 마귀에게 직접 시험받으셨다. 우리 같은 사람들은 그런 특별한 시험을 받기 위해 지적 당할 만큼 중요한 사람들이 아니다. 마귀는 무엇으로 예수 그리스도께 반항할지를 알고 있었던 것이다.

우리에게 오는 시험은 좀더 교묘하게 다가온다. 심지어는 우리 주님께서 사탄을 이기신 후에도 그분은 그 시대의 종교적 원리주의자들의 반대를 마주하셔야 했다. 그들은 절대적인 것들을 믿었으나, 그 절대적인 것들에는 하나님의 율법뿐만 아니라 수백 가지의 다른 규칙과 소법률들도 포함하고 있어 그것들이 복잡한 법률 체계를 형성하고 있었다. 그것을 추종하는 사람은 받아 주었고 빗나가는 사람은 소외되도록 놔두었다. 모세에게 율법을 주신 그 똑같은 하나님께서 예수 그리스도 안에서도 그 율법을 지키도록 해 주셨는데, 유대 지도자들은 단 한 가지 이유, '우리에게 법이 있으니 그 법대로 하면 저가 당연히 (죽어야 합니다)···' (요 19 : 7)라는 말로 그분을 십자가에 못박았다.

그들은 하나님 율법의 절대적인 것들을 믿었을 뿐만 아니라 사람이 만든 율법도 그대로 믿었다. 그 두 가지는 너무 꽉 짜여 들어가 있어서 평범한, 아무것도 모르는 영혼은 그들 사이의 차이점을 거의 알 수조차 없었다.

일단 우리가 머리를 흉벽으로 들고나면, 만약 어느 지방에 사는 누구든지 복음, 사회적 행동 혹은 교회 전파를 위해 감히 대중 앞에 나간다면, 우리는 그들이 종교적인 현상 유지자들로부터 반대를 받아도 놀라지 말아야 한다. 조용하고 간접적인 방법으로 공격하든 다른 방법으로 하든 말이다.

만약 그리스도에게로 돌아온 젊은이들의 부모로부터, 혹은 여러 가지 이유로 하나님과 담쌓으려고 작정한 사람들로부터 적대적인 반응을 받는다고 해도 놀랄 사람은 거의 없다. 그들은 인원도 적을 것이고 멀리 떨어져 있으며, 몇몇 지방에서는 땅을 떠나려 하지도 않을 것이다. 하지만 표적과 이적만큼이나 말과 행위로서도 복음을 전하려고 작정한 사람은 누구나 이런 반대 세력을 생각하고 있어야 한다.

그러나 종종 가장 싸우기 어려운 것은, 하나님의 이름과 정통파 신앙이라는 명분으로 교묘하게, 일관되게, 그리고 고의로 공격—끊임없는 공격해 대는 반대 세력이다. 예수께서 활동하실 때의 그 세력은 바리새인들이라 불렸다.

현대의 바리새인들

바리새인들이란 어떤 사람들이었는가?

이 엄격한 율법 지지자들은 로마 제국의 지배 이후에 정치적인 역할을 잃게 되었다. 헤롯왕 밑에서 그들의 영향력은 순전히 영적인 것이었음을 확신할 수 있다. 그들의 주요 경쟁자들은 사두개인들이었는데, 그들은 성전 예배를 강조하고 회당에서 가르쳤다.

바리새인들 사이의 최고 신분은 나중에 랍비(rabbis)라고 불리게 된 율법학자들(scribes)이었으며, 대부분은 전문적인 종교 지도자들은 아니었다. 요세푸스는 추정하기를 헤롯 통치 기간동안 그들의 수는 6천 명 정도였다고 한다. 그들은 긴밀한 사회를 이루고 있었으며, 불순종할 때는 쫓겨나기도 했다.

바리새인들이 인기가 있었던 까닭은 주로 그들이 모세의 율법을 해석하는 데 남다른 노력을 보인 데서 기인한다. 엄격하게, 그리고 마음에 가난한 사람들을 생각하고 있었다. 한편 사두개인들은 대단한 유력자들, 그리고 성직자나 귀족 계급 사람들로 구성되었다. 유대 민족들이 반드시 바리새인들의 제자가 될 필요는 없었으나, 그들의 엄격함과 가난한 이들을 돌보는 정신은 존경과 갈채를 받았다.

그럼에도 불구하고, 나사렛 예수는 그들과 끝없는 논쟁을 벌이신 것 같다. 처음부터 예수께서는 종교적인 관습에 묶이기를 거절하시고 하나님의 율법을 그 원래의 의도에 맞추어 해석하신 것처럼 보인다. 이것은 율법학자와 바리새인들의 영향하에 있었던 회당이 이제 문닫을 때가 되었다는 의미였다. 예수께서는 골치 아픈 반체제주의자가 되신 것이다.

그래서 그분은 큰 무리가 언덕이나 해변가에 모이면서 자신을 따라오고 있는 것을 발견하셨다. 열 두 제자들에게 임무를 주시고, 함께 그들은 하나님의 나라를 선포했다. 거기에는 자비와 능력, 그리고 해방이 늘 있었다. 무리들은 점점 커졌고 더욱 열광적이었다. 5천 명을 먹이신 기적도 있었고, 산에서 기도하는 시간도 있었으며, 물위를 걸으시고 병자를 치유하기도 하셨다.

그러자 바리새인들이 나타났다! 그들의 첫 번째 반응은 그리스도의 제자들에게 향했다―씻지 않은 '부정한 손'으로 떡을 먹었다는 것이었다. 이것은 '장로들의 유전(the traditions of the elders)' 중의 하나였다.

예수님의 대답은 너무도 단호하셨다. '이 백성이 입술로는 나를 존경하되 마음은 내게서 멀도다 사람의 계명으로 교훈을 삼아 가르치니 나를 헛되이 경배하는도다'(막 7 : 6 - 7, 이사야 29 : 13을 인용) 또 계속하시기를, '너희가 하나님의 계명은 버리고 사람의 유전을 지키느니라'라고 하셨다.

그분은 영민하게 관찰하시고 이렇게 말씀하셨다. '무엇이든지 밖에서 사람에게로 들어가는 것은 능히 사람을 더럽

게 하지 못하되 사람 안에서 나오는 것이 사람을 더럽게 하는 것이니라'(15 - 16절)

좀 더 가르치시고 마귀로부터의 해방과 치유도 있은 후에, 이번에는 4천 명을 먹이신 기적이 있었다. 무슨 일이 일어났는지 알겠는가? '바리새인들이 나와서 예수께 힐난하며 그를 시험하여 하늘로서 오는 표적을 구하거늘'(막 8 : 11) 후에 대제사장들과 율법학자들은, 우리 미국 친구가 말하는 것처럼, 예수를 '제거'하려고 노력했다. 그러나 그들은 군중을 두려워하여, 그분을 잡으려고 바리새인들을 보냈다.(막 12 : 13)

도대체 무슨 일이 일어났는가? 이들은 종교적인 사람들이었다—절대적인 것들을 믿는 사람들이었다. 이 때에 예수께서는 직접 충성과 정직, 기도, 그리고 성경에 대해 명백히 가르치고 계셨는데도 말이다.

초기에 나타난 두 가지의 이단

그 때의 바리새인들과 오늘날의 바리새인들은 하나님께서 하신 일은 높이면서, 하나님께서 현재 하고 계신 일에는 강하게 반발하고 있다. 이것이 전체 바리새인들의 사고방식을 요약해 준다.

예를 들어, 찬송과 기도 시간밖에 있는 모든 것, 때때로, 최근에 쓰여진 찬양들과 보수적인, 은사주의적이지 않은 신학을 고수하고 있는 태도는 의심받고, 영지주의나 속임수로 인정되어 고려하지 않는 것을 보라. 바리새인들의 법으로는 OK 이다.

바리새인들은 자신들의 옳음을 강조한다. 그들의 적절하고도 잘 조절된 스타일은 경외라는 이름으로 추종 받았다. (누군가를 우러러 존경한다는 것은, 그들이 원하는 방식대로 그들이 당신에게 원하는 것을 당신이 하는 것을 말한다) 그들은 성경을 강조했지만, 단지 몇 가지의 성경만 강조했다. 우리로 하여금 소리치고 박수치고 춤추고 큰 소리를 내도록 동기를 부여해 주는 시편 기자의 권고와, 심지어는 명령과도 같은 말은 '순전히 문화적인' 것으로 받아들여졌다. 대부분의 바리새인들은 자유주의자들보다 나을 것이 없었다—그들은 다른 성경은 검열 대상으로 삼았다. 오순절이 그들의 교회 달력에 틀림없이 올라 있기는 해도, 그것은 그들의 경험에는 들어 있지 않았다. 통계학자들은 추정하기를, 서기 2000년이 되면 대다수의 그리스도인들이 성령의 세례와 성령의 은사를 자연스럽게 체험하는 교회들에 속하게 될 것이라고 했다. 하지만 모든 대각성에는 비평이 따르게 될 것이다. 종교의 저주는 많은 나라들에 빽빽이 들어차 있고, 율법주의가 이미 크고 무거운 발판을 마련하지 못했다면 틀림없이 문에 잠복해 있을 것이다.

초기 기독교에는 두 가지 문제가 이단으로 취급되었다— 아니, 그렇게 취급되어야만 했다. 첫 번째는 영지주의이고 두 번째가 바리새주의이다.

영지주의자들은 이 세상은 악하며 문제가 되는 것은 영적인 것뿐이라는 주장을 폈다. '영지(Gnostic)'라는 단어는 그노시스(gnosis : 영적 인식, 신비적 직관) 혹은 '지식(knowledge)'에서 왔다. 그래서 그들은 예언과 환상 같은 것을 포함한 영적인 체험들에 지나치게 열중했다. 그러나 성령과 그밖에 다른 영들을 식별하는 능력은 거의 없었던 것 같다. 2세기 교회의 기자들은 영지주의가 얼마나 큰 재난인가를 깨달았다. 사도들의 글에서 보면 그것은 점차 방종과 혼란으로 깊어 갔다.

의사 누가가 기록한 사도행전 8장에 기록된 마술사 시몬은 영지주의자로 묘사되지는 않았으나 그가 그 부류였다는 것은 거의 확실하다. 그는 신적인 존재라고 자칭하고 구원이 자아에 대한 지식에 포함되어 있다고 가르쳤다.

현대의 바리새인들은 예언이나 환상, 방언 같은 영적인 체험들을 그저 또 다른 형태의 '비밀스런 지식'이라고만 여긴다. 그들은 은사주의자들이 주관으로 가득 차 있어서, 다시 회복하는 데 몇 십 년이 걸릴 것이라고 믿는다. 그러나 그들이 깨닫지 못하고 있는 것은 바로, 영지주의와 병행하여 바리새주의도 두 번째로 치명적인 살인마라는 것이다. 위선, 율법주의, 그리고 아찔하도록 트집을 잡아 성경을 변형시키는 행위는 예수님의 가장 모진 비판을 받았다. 예수님의 제자 마태는 말씀을 이렇게 기록하고 있다. '바리새인들이 모세의 자리에 앉았으니 그러므로 무엇이든지 저희의

말하는 바는 행하고 지키되 저희의 하는 행위는 본받지 말
라'(마 23 : 2 - 3). (그것은 그들이 신학적으로는 상당히 옳
았기 때문이었다고 본다) 그러나 예수께서는 바리새인들이
하는 행위는 본받지 말라고 하셨다.

그러면, 그리스도와 바리새인들간의 주요 논쟁점은 무엇
이었는가?

아마도 이것은 성경 처음의 다섯 책(the Torah)인 율법서
와 관련되어 있었다. 율법은 613개로 이루어졌는데 그중
365개는 부정적인 것이고 248개는 긍정적인 것이었다. 유대
주의에는 성찬식이 없으며, 랍비가 율법서의 지식에 바탕을
두고 혼자서 만사를 지휘해 나간다.

탈무드(신학적 주해집의 한 종류)는 바리새인들에게 거
의 율법서와 같을 정도로 귀중하게 취급되었다. 그러나 예
수께서는 그런 성경에 반(反)하는 신앙과 실제를 버리셨다.
그분 보시기에는 율법서는 하나님의 말씀이었고, 탈무드는
단순한 해설집, 말의 주해에 지나지 않았다.

오늘날, 그것은 칼빈파 개신교와 비슷하다고 할 수 있다.
그들은 성경과 칼빈의 저작을 사실상 동일 선상에 놓고 본
다. 많은 사람들이 사실상, 실제로는 그것이 어떤 위치에 있
는지 정확하게 인식할 수 있을 것이다. 여러분이 정통파 크
리스천이라거나 알미니우스파라고 말하는 것은 그들에게
있어서는 여러분이 'cabbage'만큼이나 신학적으로 교활한
사람이라고 말하는 것과 같은 것이다.

고의적인 소동

사도 바울의 후기 가르침 속에서 보면, 어떤 문제에 부딪힐 때마다 바울은 은혜와 자비 쪽에 서서 매우 관대했다는 것이 명백하다. 그는 결코 율법주의와 그에 수반하는 엄격함의 편에 서지 않았다.

바울의 가르침보다 더 우선하는 예수님께서는 '장로들의 유전'을 어기시려고 상당히 자주 옆길로 비끼신 것 같아 보인다. 한 회당에서 사람들을 기분 나쁘게 하신 후에, 그분은 그들 모두를 끌고 다니셨다!

그리스도가 승천하시고 바울이 개심하기 전, 바리새인들은 심한 시기심과 적개심으로 가득 차게 되고 초자연적인 것, 영적인 해프닝을 의심하게 되었다. 베드로와 요한은 산헤드린 앞으로 소환되어서 이런 간단한 질문을 받았다. "너희가 무슨 권세와 뉘 이름으로 이 일을 행하였느냐?" 병든 사람들이 완전히 치유된 것을 보면서도 왜 그런 적대적인 태도를 취해야 했던 것인가? 그 이유를 말하자면, 베드로와 요한은 '성직자들의 마피아'라고 할 만한 학술적인 지식계급의 일원이 아니었기 때문이다!

1993년 가을, 나는 BBC의 한 시간 짜리 생방송 라디오 프로그램에 나갔었다. 주제는 '하나님은 오늘날에도 우리를 치유하고 계신가? 기독교 사회는 그런 주장에 어떻게 반응하는가?'였다. 대단히 공정하고도 또 전문적인 인터뷰어가 함께 했는데, 내가 토론할 적(그는 정말 그런 태도였다)은 피터 메이(Peter May) 의사였다. 그는 25년 동안 기적이라곤 도대체 흔적도 발견할 수 없었다고 말해 잘 알려져 있는 사람이다. 메이 의사는 자신의 관점을 명쾌하고 간결하게 보여주었다 : 하나님은 치유하실 수 있는 분이지만, 25년간 독서와 조사와 검증을 해본 결과, 그는 하나님께서 기적을 행하시거나 기적의 결과조차 보여주신 적이 없었다고 말했다. 내 쪽에서는 하나님은 치유하실 수 있는 분이고 또 그렇게 하시는 분이라는 사실을 내놓았다. 그러나 메이 의사가 치유 받았다고 주장하는 사람들에게 엄중히 적용한 그 같은 기준이 예수께서 낫게 해 주신 사람들에게도 적용이 된다면, 그는 아마 똑같은 결론에 도달했을 것이다!

흥미롭게도, 라디오 방송국으로 전화를 걸어 온 거의 모든 사람들이 그런 종류의 놀라운 치유를 받았다고 주장했다. 모두가 자신들의 이야기를 제정신으로, 이해가 쉽게, 잘 알아듣도록 설명해 주었다. 전화를 한 한 남자는 말하기를 자신은 심각한 교통 사고를 당해 허리부터 마비가 되었었다고 했다. 다리에 남은 20%의 감각만을 가지고 그는 예배 모임에 나갔고 기도했으며 지금은 완전히 나아 정상적으로 걸어다니고 있다고 했다. 피터 메이 의사의 빈응은? 그는 설명하기를, 19세기에는 자신의 집 주위를 정상적으로 산책하는 것은 아주 수긍이 가는 것이었으나, 동정을 얻기 위해서 휠체어에 앉아 내보내졌다고 했다. 갖다 끼워 맞추면 안

되는 말이 어디 있겠는가! 괘씸한 일이었다. 이것이 바로 바리새인들의 사고방식에서 나올 법한 말이다. "그게 사실이라면 정말 놀라운 일이군요."리고 말하는 대신에, 각자 끼워 맞춘 말을 믿지만 검증의 여지를 남겨 두고 우리는 반대를 한다 : "모든 기록을 보고 내가 만족할 만한 선에 다다르지 않고는 믿을 수가 없습니다." 검증과 명확하게 하기, 조사 같은 것은 코방귀 뀌며 상대도 않으려는 것보다는 낫다. 하지만 메이 의사의 얘기를 들으며 나는, 그가 모든 기적을 다룰 수 있다고 믿고 있을 뿐만 아니라, 모든 다른 의사들까지도 다룰 수 있다고 믿고 있음을 깨달았다. 한 지방 일반의(GP)가 전화를 해서, 환자들 중 한 명이 분명 기적적으로 고침 받은 일이 있다며 기록을 보여줄 수도 있다고 했다. 그 자신도 지방 일반 의일 뿐인 메이 의사, 건강 문제에 있어서 국제적인 천재도 아닌 그가, 그런 기적이 일어났다는 것을 받아들이기 전에 그 기록들을 보고 싶다고 했다. 지방 일반 의인 그가 다른 지방 일반 의의 말조차도 믿으려고 들지 않았다. 가장 지독한 종류의 바리새주의이다!

멍청이를 만드는 교육?

산헤드린의 멤버들이 그리스도의 제자들이 '교육도 못 받고 훈련되지도 않은 사람들'임을 알게 되고 '그들을 예수와 함께 있었던 사람들로 인식'하기 시작했을 때 그들은 무방비 상태로 한 대 맞은 꼴이 되었다. 그러나 이것은 미소짓는 얼굴과 호응의 몸짓으로 맞는 감정적인 만병통치약은 아니었다. 정반대였다. 그들은 '제자들을 한층 위협했던' 것이다! 산헤드린 멤버들에게 있어서, 신학적으로 제대로 훈련도 받지 않은 사람들이 하나님의 계시를 듣고 하나님의 일을 한다는 것은 상상도 할 수 없는 일이었다.

바리새인들은 2년간 휠체어에 앉아 다니다가 지금은 정상적으로 걸어다니는 사람들에 대해서는 관심을 두지 않는다. 정말 우연히도(아니면 하나님의 섭리였을까?) 프로그램에 전화를 했던 그 남자는 사고가 있은 후에 BBC TV 방송에 나오게 되었었다. 그것은 상점이나 그 외의 곳에서 휠체어를 사용하는 사람들을 수용하는 문제와 관련되는 프로그램이었다. 그가 라디오 방송국에 전화하는 것을 들은 TV 측에서는 그를 다시 취재했으며, 기자와 함께 돌아다니는 모습을 찍어 왔다. 하나님께서는 피터 메이나 제럴드 코츠가 전혀 상상할 수도 없었던 방법을 통해서 영광 받으신 것이다!

뿌리와 열매

한 소경이 기적적으로 치유된 후 다시금 바리새인들이 등장한다.(요한복음 9장) 하지만 유대인들은 믿지 않았고 그래서 부모를 불렀다. 잘못 대답하기라도 하면 유대 지도자들이 어떻게 할까 봐 두려워한 그들은 이렇게 말했다. "저에게 물어 보시오. 저가 장성하였으니 자기 일을 말하리이다." 바리새인들은 소경이었던 사람을 불러 이렇게 말했다. "너는 영광을 하나님께 돌리라. 우리는 저 사람이 죄인인 줄 아노라." 지금까지 손으로 더듬거리며 살아오다가 이제 자신의 복잡한 지문으로부터 지평선의 먼 물체까지 보게 된 그는 당연히 기뻐 날뛰고 있었을 것이다. 그는 이렇게 말했다. "그가 죄인인지 내가 알지 못하나 한 가지 아는 것은 내가 소경으로 있다가 지금 보는 그것이니이다."

그러나 그들은 놔주지 않았다. 그 사람이 어떻게 너의 눈을 뜨게 했느냐? 그가 네게 무슨 일을 했느냐? 그 소경 되었던 사람의 대답 속에서 절망을 느낄 수 있다. "내가 이미 일렀어도 듣지 아니하고 어찌하여 다시 듣고자 하나이까? 당신들도 그 제자가 되려 하나이까?" 그는 그 말이 유대인들을 얼마나 휘저어 놓을지 상상도 못했을 것이다. "너는 그의 제자나 우리는 모세의 제자라 하나님이 모세에게는 말씀하신 줄을 우리가 알거니와, 이 사람은 어디서 왔는지 알지 못하노라." 바로 그거구나! 증명서, 신학적인 훈련—그것이 이 책에 있지 않다면 그것은 중요치도 않고 알아야 할 필요도 없을 것이다!

사도 바울은 잘 알려진 '성령의 열매'의 가르침 안에서 흥미 있는 발언을 하나 한다. 성령의 열매를 구성하는 아홉 가지 것들을 나열하면서 그는 덧붙인다. '이 같은 것을 금지할 법이 없느니라' (갈 5 : 23) 왜 그런 말을 덧붙였는가? 왜냐하면 누군가의 영적인 것을 시험하는 가치는, 치유를 포함한 모든 현상들은 율법서와 탈무드를 통하여만 숙고되어지고 평가될 수 있다고 간주하는 바리새인들의 트집잡기나 정석대로의 접근과 반대되기 때문이다.

베니 힌이 사람들을 쳤을 때, 반응은 이랬다. "그건 성경에 없어요!" 설교자들이 사람들을 위해서 기도하고, 그들이 '성령 안에서 죽임 당했을' 때의 반응도 똑같다. "성경 어디에 그런 게 있어요?" 그러면 나도 하나 묻겠다. 혼자 하는 목회가 어디 있는가? 없지만, 하나님께서는 그래도 그것을 통해 일해 오셨다. 찬송과 기도 시간은 어디 있는가? 주일학교는? 여성도 모임은? 6시 30분의 오후 예배는? 교회 건물은? 개종자들에게 정기적으로 하는 복음 설교는? 한 줄한 줄 해석하는 성경 공부는? 인간주의나 악마주의라는 거대한 곳으로 보내지는 한두 사람의 전도 여행은? 여러분은 이런 것들을 성경 안에서 거의 찾아볼 수 없을 것이다. 그런데도 이것들이 정통 기독교라고 간주되고 있는 것이다!

이성에서 감정을 분리하는 것은 그리스도의 성품이 아닐뿐더러, 그분을 따르고 성경을 쓴 사람들의 특성도 아니다. 윌리엄 드 아르테가는 저서 '성령을 눌러 끄면서(Quenching the Spirit)'에서 지적하기를, 'TV에서 스타 트랙 시리즈를 본 사람들은 미스터 스포크라는 캐릭터에서 이러한 분열의 결과를 볼 수 있다. 그 불행한 혼혈 피조물은 감정을 경험하지 못하고, 모든 결정을 순전히 논리적인 바탕에서 해 내어야 한다'라고 했다. 강력한 감정적 반응이 없이는 부흥이란 거의 있을 수 없다.

부흥인가 대각성인가?

이 '성령을 눌러 꺼버리는' 사람들은 여러 가지 방법으로 그렇게 한다. 어떤 사람들은, 치유의 은사나 방언, 해석과 예언 등은 요즈음엔 일어나지 않는다고 간단히 말해 버리거나 은근히 암시를 준다. 손드는 것이나, 시편 기자들이 권고했던 손뼉, 무릎꿇기, 외침이나 춤 등도 마찬가지이다. 이런 교회들에서 '기름부음'이라는 것에 대해 말이 많을 것 같지는 않다. 확실히, 성령은 종종 그런 교회에서 일하고 계신다. 특히 복음이 전파되고 하나님의 말씀이 높여지는 곳에서는 더 그렇다. 그러나 성령께서는 심하게 제한되어 버린다. 상자에 갇혀 꽁꽁 묶여 있는 것이다. 미스터 스포크와 그 일당들이 식을 이끈다. 논리가 최고로 간주되는 것이다.

부흥—성경적인 부흥은 마음과 생각을 모두 포함한다. 그러나 성령의 활동하심과 그 부흥의 이야기 대부분은 감정과 함께 시작하는 것 같다. 회개의 눈물, 무릎꿇고 고개를 숙이는 모습, 커다랗게 울리는 기도와 찬양의 소리, 열렬한 설교, 포옹, 입맞춤, 심지어는 웃음까지 한몫 한다. 지구상의 여러 곳에서 들려 오는 소식에 의하면, 이 웃음이란 것은 부흥이 진행되고 있는 많은 교회에서 없어서는 안될 필수 요소라고 한다. 이 웃음이 오늘날의 가장 논쟁의 여지가 많은 점이 되고 있다고 나는 예상해 본다.

그러나, 이 부흥이 20세기의 모든 딜레마의 해답이 되는 것은 아니라는 것을 분명히 해 두어야 한다. 과거에 유럽과 미국 각처에서는 대다수의 사람들이 '교회 안에' 있었다. 부흥은 그들이 가진 대부분의 딜레마의 해답'이었다'. 하나님과 서로를 향해 대다수가 부흥하게 되면 그것은 그 나라 전체에 영향을 미칠 것이다. 오늘날 인구의 아주 조그만 숫자만이 성경을 믿고 또 성령으로 위임받은 교회에 다니고 있다. 우리는 부흥이 필요하다—신앙에서, 사랑에서, 성령의 은사에서, 잃어버린 자들을 향한 늘어나는 짐을 위해서도 꼭 필요한 것이다. 그러나 우리는 숫자가 너무나 적다.

궁극적으로, 우리에게 필요한 것은 부흥이 아니라 대각성인 것이다. 부흥은 교회를 위한 것이다. 적어도 뭔가 부흥될 것이 있다는 얘기니까 말이다! 그러나 그리스도를 모르는 자들에게는 부흥될 무언가조차 없다. 그들은 부흥이 아니라 부활이 필요한 것이다!

나는 이 '부활'을 '대각성(great awakening)'이라고 부르려고 한다. 만약 부흥이 교회를 위한 것이라면, 그 부흥은 최후에는 잃어버린 자들을 위해서 그리스도께서 생명까지 주신 그들에게로 돌려져야 한다. 우리에게 필요한 것은 잃어버린 자들의 눈과 귀가 열려 그리스도를 일고 그분이 주시는 용서와 영생을 알도록 해 주는 것이다.

부흥과 대각성은 품위 있는 고상함과는 좀 거리가 멀다.

고상해야 하는가 아니면 영적이어야 하는가?

학술적이고 신학적으로 잘 훈련받은 로저 포스터는 이렇게 말했다. "고상한 교회는 결코 한 나라를 하나님께로 돌아오게 할 수 없을 것이다." 성령께서 세련된 교회들 안에서 활동하시기 때문에 성령의 활동은 제한적인 것인가? 우리는 축구나 럭비, 크리켓, 테니스, 증기 기관차와 영화, 혹은 실내장식과 유행 같은 것에 열광적인 것은 괜찮다고 하면서, 신앙에 대하여 열광적이라고 한다면 정신 상태와 관련된 의심이 슬그머니 나오는 그런 세대에 살고 있지 않은가?

"참 열광적인 젊은이야." 이 말은 나에 대해 70, 80대 분들이 종종 하던 말이었다. 한 반쯤은 존경심을 가지고, 또 반쯤은 멸시하는 톤이 깔려 있었다. 한 목사님이 최근에 날 만나러 와서 '열광주의의 위험성'에 대해 말씀하셨다. 그분의 배경을 보고 나는 '머리로 하는 신학의 위험성'에 대해 말씀드리고 싶었다. 개인적인 경험에서 나는, 자신들이 교회를 열광주의와 감정적인 것으로부터 해방시키려고 보냄 받은 자들이라 느끼는 사람들이 결국은 자신들의 관점에 대해 가장 열광적이고 또 절망적으로 흥분하는 사람들이라는 것을 종종 발견할 수 있었다. 그러나 그들의 감정주의는 분명 확신에서 오는 것이다.

개운치 못한 결론

바리새주의라는 문제를 설명하는 데 이렇게 상당한 양의 지면을 할애한 까닭은 전 세계를 통해 일어나고 있는 대각성이, 자신들을 진정한 복음주의자들이며 정통 교회의 수호자들, 그리고 신학적으로 훈련받은 사람들이라 단언하는 이들로부터 적대적인 반응을 이끌어 낼 것이라는 사실 때문이다. 그런 일제 사격 하에서, 나는 많은 사람들이 숨을 것이고 성령의 체험을 부인하거나 그것을 감정주의라고 깎아내리던가 아니면 성령으로 세례 받기를 갈망하기 전의 옛날에 그랬던 것처럼 쓸모 없고 효과 없는 것으로 끝내게 될 것이라 예언한다.

조나단 에드워즈는 55년을 살았다. 그는 이제까지 미국을 영광되게 한 가장 위대한 철학자이자 신학자로 불려 왔다. 13세에 그는 라틴어와 그리스어, 히브리어를 능숙하게 쓸 수 있었고 철학에 대한 논문까지 썼다! 그는 13세였던 1716년에 예일 대학에 재학했었다. '대각성(The Great Awakening)'이라고 알려진 것이 1734년과 1735년 사이에 일어났으며 더욱 확장된 부흥이 1740년에서 41년에 일어났나. 그때 에드워즈는 조지 휫필드와 굳건한 친구 사이가 되었다. 그들은 미국 전역을 돌며 야외에서, 교회 안에서 설교를 했다. 교회 건물은 그 설교를 들으러 온 무리를 거의 수용하지 못했다. 폴 헬름(Paul Helm)은 이렇게 썼다 : '어거스틴처럼 에드워즈의 안에서도, 고귀한 지성과 사색적인 영,

그리고 그리스도 안의 하나님께 바치는 무아지경의 헌신이 결합되어 나타난다. 에드워즈는 복음주의 종교를 흔들어 놓곤 하는 마음과 머리(감성과 이성)의 분열이란 것에는 전혀 해당되지 않는 인물이었다.'

에드워즈와 그 동료들은 수만 명의 사람들이 그리스도께 나오는 것을 보았지만, 진정한 개종자들뿐만 아니라 거짓된 사람들 또한 보았다. 그는 곧장 성령과 다른 다양한 악습의 탓으로 돌려질 수가 있는 무아지경의 현상을 직접 목격하였다. 그러나 그는 하나님께서 영적인 각성의 출발선을 드러내시기 위하여 실수를 허락하시는 목적을 가지고 계실지도 모른다는 것을 그는 알았다.

만약 하나님께서 이 커다란 종교 부흥이 일어나기를 의도하신다면, 지상에 세워질 그분의 교회의 복된 모양의 선구자를 일으키실 목적이시라면 이것은 처음부터 하나님의 지혜를 나타낸 한 경우라고 할 수도 있겠다. 인간들의 현재 약한 상태가 커다란 종교적인 애정 아래에서 모두 노출된 상태에서, 그리고 대단한 열정으로 살아 뛰고 있을 때 싸움 속에서 많은 불법행위와 잘못들을 대신하시기 위하여 말이다. 왜냐하면 이것은 앞으로 올 지속적인 일과 활동의 진보에 있어서 그분의 교회에 대단한 이익이 될 것이기 때문이다 : 그 잘못들의 해로운 결과에서 나와 바로잡는 일과 초기에 그 일들을 부끄럽게 여기는 경험은 앞으로 그들에게 복된 방어물을 역할을 해줄 것이다. 또한 노출될지도 모를 이런 잘못들로부터 앞으로 올 많은 세대들을 방어해 줄 것이다.

(조나단 에드워즈, 사색)

현대의 바리새인들은 자신들을 믿음의 방어자로 여기고, 그렇게 함으로써 성령을 거역하고, 성령의 은사를 선용하는 사람들을 적대시한다.

여기에 문제가 있다. 그리스도를 거역하는 언사는 용서받을 수 있다—이런 은혜가 있을까! 그러나 성령을 거역하는 언사는 '이 세상과 오는 세상'(마 12 : 32)에서도 용서받을 수가 없다는 것이다. 다시 말하면, 성령님의 활동의 결과가 기껏해야 거짓말이거나 속임수이며, 최악에는 마귀의 짓이라고 말하는 것은 사실상 용서받을 수 없는 죄라는 것이다. 여러분이 마음속에 생각하는 대로 이 말을 읽는다 해도, 말 자체는 사실인 것이다.

비전이 한 영혼을 가득 채우고 사역이 그 사람의 매일을 충만하게 하며, 희생도 치루어지고 교회도 정립이 되었다고 하자. 대각성이나 부흥의 불길이 막 타오르려고 할 때 소위 '기독교 사회'라고 하는 곳들로부터 반대가 거의 항상 강하게 들고 일어날 것이다.

바리새인들의 사고방식에서는 감정적인 것이 들어간 것이라면 무엇이든 의심하고 볼 것이다. 바리새인들은 상세한 것에 대한 적극적인 관심으로써 자신들의 감정을 조절한다. 그러나 1740년에 미국에서 일어난 대각성은 종종 무아지경이나 발작의 상태로까지 정의되곤 했다. 미국 서부 해안의 아주사 거리(Azusa Street)의 부흥이나 그 비슷한 시기에 일어났던 웨일즈의 부흥(Welsh Revival)은 진정한 것들이 었다. 몇몇 사람이 생각하는 것과는 대조적으로, 웨일즈에서 일어난 부흥은 미국에서 일어난 것보다 좀더 독립적으로 일어났다. 그래서 미국인들은 무슨 일이 일어났었는지를 알아보려고 웨일즈에 대표 사절단을 보냈던 것이다.

옛날식 종교?

린제이 클레그(Lindsay Clegg) 씨는 1940년대, 50년대, 60년대를 망라한 영국의 대표적인 복음주의자였다. 그가 창설한 많은 단체 중 하나는 가르침과 선교에 매우 중점을 둔 파일리 위크(Filey Week)였다. 최근까지 그것은 은사주의 운동에 있어 의심스럽고 심지어는 적대적인 것이었다. 아직도 그렇게 느끼는 몇몇 참가자들이 남아 있다.

린제이는 어떻게 웨일즈의 부흥으로 돌아가게 되었는가를 내게 말해 주었다. 그는 설명하기를, 자기 옆에 앉아 있던 한 남자가 격한 감정적 상태에서 자신의 무릎으로 엎어졌다고 했다. 린제이는 당황하고 괴로웠으나, 그것을 통해서 구주를 찾을 수 있었다고 했다. "너무나 감정적이었지만 —하지만 진짜였지"라고 그는 말했다.

그러면 우리는 어떻게 결론을 내릴 것인가?

1. 부흥은 교회를 위한 것이다.

   우리는 믿음과 성령의 능력 안에서 부흥해야 한다. 대각성은, 잃어버린 자들이 하나님이 지금 이 곳에 계시며 구원을 베풀기 원하신다는 것을 깨닫게 될 때 그들을 위한 것이다.

2. 대각성과 부흥은 혼란스러운 것이다.

   하나님의 성령은 자비롭게 인간의 연약함, 죄악, 교파적인 전통과 심지어는 마귀적인 활동까지도, 돌보시고 또 치시고 말씀하신다. 결국, 고린도의 교회는 무질서의 상태에 있었던 것과 동시에 성령의 은사 또한 가장 활발하게 되었던 것이다.

3. 성령께서는 신학적으로 훈련받은 사람들이 그분 자신에게 명령하고자 할 때 활동하지 않으신다.

   성령은 신앙과 믿음, 체험을 정화하시기 위해서 감정을 자극하신다. 반면에 바리새인들은 자기들이 보기에 정통적이지 못하거나 감정적인 것, 그리고 자신들의 관점에서 전통적이지 못한 것은 무엇이든 반대하고 싶어한다.

4. 성령의 체험이 없는 사람들, 안 믿는 사람들보다 못하면 못했지 더욱 부흥이나 대각성에 대해 적대시하려는 자들은 잘못을 저지르고 있는 것이다.

부합되는 점

초자연적인 것을 쉽사리 믿지 않으려는 경향은 1776년에 사망한 영국 철학자인 데이빗 흄(David Hume)에 의해 모두 없어졌다. 기적에 대해 믿지 않는 교회 한 곳을 관찰하면서 그는 다음과 같이 결론을 지었다. 요즈음에 와서, 초기 교회에서 일어났던 것들 중 아무런 기적도 명백하지가 않았기 때문이었다는 것이다. 다시 말하면, 성경은 기껏해야 낭만적인 동화로 가득 찬 책이라는 것이고, 심하게 말하면 거짓말투성이라는 것이다.

그러나 그 거짓말과 환상들이 바울로 하여금 투옥과 구타, 고문, 허기, 배반, 그리고 전승에서 말하는 것처럼 참수형까지 당하도록 만든 것이다. 그리고 그 모든 것이 다메섹 도상에서 받은 비전과 성경의 재해석을 위한 것이었던 것이다.

그 비슷한 시기에 수천 명의 어머니 아버지, 성인들과 10대들이 네로의 잔치 중에 벌받으러 끌려나갔고, 여흥을 위해 불에 태워졌다. 그들은 검투사들에 의해 죽음을 당했고, 원형 경기장에서 사자들에게 찢겨 죽었으며 그후 수많은 세월 동안 그저 감옥에 갇혀 죽기도 했다. 예수님을 따라다녔던 최초의 사도들은 (밧모 섬에 유배된 요한만 제외하고) 모두가 믿음으로 순교하였다. 그들 중 어느 누구도, 자신들의 체험을 '꾸며낸 환상적인 이야기들'이라 인정하거나 또 거짓말이라 말했다고 기록되어 있지 않다.

그들은 성경을 다르게 해석했을 뿐만 아니라, 병자들이 고침 받는 것, 귀신들린 자들의 해방, 그리고 복음을 통하여 삶이 변화 받는 것에 대한 그들의 밖으로 드러나는 표시나 체험, 실제적인 증거들은 그들로 하여금 자신들의 확신을 더욱 공고히 해 주었다.

그러나 이 초기 제자들과 멀리서부터 온 수천 명의 추종자들에게 무엇보다도 중요했던 것은, 바로 자기들에게 그리스도가 계셨다는 사실이었다—도덕적으로 고결하셨고 자비로우시며 은혜로 가득하셨던 그 카리스마적인 선생님, 그분은 자신들이 전통의 수호자이며 율법 가르침의 후원자라고 단언했던 종교적 권위자들과 끝없는 논쟁을 벌이셨다.

'다른 양들'

최근에 나는 한 성공회 교구의 대집사와 점심을 같이 했다. 그는 자신이 복음주의자라 불리는 것에 대해 자신없어 하는 사람이었다. 기도의 응답에 대한 이야기를 하다가 그는 이렇게 말했다. "결혼 초기에 일어난 많은 일들은 나를 참으로 기죽게 만들었답니다. 정말 나쁜 일들이 꼬리를 물고 줄줄 나타나는 느낌이었어요. 우리는 돈도 없었고, 스트레스에 그 짜증이란···. 그러던 어느 날 차의 배기관이 고장나 버렸지요. 그게 결정적이었죠. 난 정말 질려 버렸어요. 난 집으로 돌아와 아내에게 이렇게 말했죠, '내가 복음주의자였다면 난 기도했을 거야. 하나님께 소망을 두고 말이오. 그럼 기적이 일어나겠지! 돈이 든 봉투가 문틈으로 미끄러져 들어올 거고, 그걸로 배기관을 고칠 수 있을 거란 말이오.' 내가 몇 발자국 걷기도 전에 그녀가 날 불러 세웠어요.

'여보, 잠깐 앉아보시라구요. 어떻게 그렇게 알아맞추셨죠! 당신이 나가 있을 때 누군가가 이 봉투를 집어넣은걸요!' 배기관 수리비를 제하고도 남을 만한 액수였죠. 난 겸손해졌고, 뭔가 신비로움을 느꼈습니다."

"신비로웠다니요?" 이렇게 묻자 그는 설명하기를, 자신은 기적을 믿었고, 스스로가 체험을 했으며 자신이 신뢰하는, 자신들을 복음주의나 은사주의라는 틀에 집어넣길 거부하는 사람들로부터 직접 이야기를 들었다고 했다. 그러나 그는 이렇게 물었다. "그런데요, 아프리카의 수많은 기아 난민들이나 유럽에서 일어나고 있는 죄없는 사람들의 학살, 미국이나 또 다른 나라에서 벌어지고 있는 아동학대나 사기, 인종주의 등의 커다란 사회문제가 판을 치는 이때에, 왜 하나님께서는 내 차의 배기관 같은 것에 신경을 쓰시는 거지요?"

맞았든 틀렸든 간에, 나는 내가 가진 지혜나 신학적인 통찰력, 혹은 빠르고도 손쉬운 해답을 해줄 때가 아니라고 느꼈다. 그는 성령님의 주관적이고도 신비에 싸인 역사를 인식하고 있었다. "부인할 수 없는 역사이죠" 그러나 그는 고통 당하는 세계와, (그가 아는 한) 차도 본 일 없고 배기관이 고장이 나든 말든 상관하지 않는 사람들에 대해 능력이나 관심을 보여주지 않으시는 것 같은 하나님에 대해 질문할 것이 많은 것 같았다.

나는 그리스도인들을 괴롭히고, 지도자들을 가두며, 예수 그리스도의 이름을 모르고 있는 나라들에 대해 말해 줌으로써 그를 도와줄 수도 있었다. 그런 상황에 맞부딪힌 사람에게는 영적이고 독실한 부흥을 거의 기대할 수가 없다고 말했다. 그리고 활력이 고독을 혐오하는 것처럼, 마귀들이 몰려오고 어둠의 세력이 지배할 것이라고 했다. 아니면 나는 인생을 구성하고 있는 '순간'에 대해서 말할 수도 있었다. 부활 후에 우리는 바울 사도가 말했듯이 우리의 '잠시 받는 환난'을 돌아보고 우리의 운명이 그 '순간'을 가지고 무엇을 하느냐에 달려 있다는 것을 깨달아야 한다.

그리고 확실히, 은혜와 자비로움의 하나님께서는 기근과 죽음, 학대와 고문을 당하며 살고 있는, 복음을 들어본 적이 없는 이들에게 옳은 일을 행하실 것이다. 그분을 믿어야 한다.

그 대집사의 겸손함으로 인해, 그는 성령의 역사 하심에 고개를 숙였을 뿐 아니라 생과 사, 고통과 학대에 대한 신비로움에도 많은 것을 느꼈다. 그는 거의 '표현할 수 없는 신음 소리'를 내보였다. 하나님께서 왜, 더 큰 요구 사항들이 무시당하고 있는 상황에서 자신의 행복을 위해 필요한 것을 준비해 주셨는가는 그에게 있어 완전한 불가사의—당혹감이라고도 할 수 있었다.

한 인간이 응답 받지 못한 질문과 빙행해 살아계신 하나님께 그의 소망을 두고 살 때 그런 겸손함과 질문에 경의를 표하는 것은 어려운 일이 아니다.

태 안의 쌍둥이?

요한은 예수님을 가리켜 '은혜와 진리가 충만하신' 분이라고 했다. 성경 안에 쓰여진 순서를 한 번 주의 깊게 보자. 은혜가 진리보다 먼저 쓰였다는 사실은 참으로 중요하다!

그리스도인으로서 많은 이들은 은혜로는 충만하나 진리에는 강하지 못하다. 그리고 진리에서 은혜로 성경을 끝맺고 있음을 잘 알지 못한다. 이것은 혼합(우리의 메시지를 흐려 놓게 된다)으로 이끌게 될 것이며, 우리는 감정적인 것과 좋고 싫은 것, 그리고 성경과는 연관이 없는 그리스도의 관점으로 가득 찬 바다에 표류하게 될 것이다. 무엇을 믿는가와 어떻게 사는가는 고려하지 않고, 자신들을 단순히 크리스천이라고 부르는 사람들을 알아내어 함께 일하려는 몇몇 사람들의 의지가 이것의 징후이다. 이것은 성경적이라기보다는 뉴에이지적이며, 예수 그리스도의 성령이라기보다는 이 세대의 영인 것이다.

다른 사람들은 진리에 매우 강하다. 진리라는 문제에 접근해 보면, 예수께서는 "내가 곧 진리이다"라고 말씀하셨다. 성경은 성령의 이지(理智)라는 말이 있어 왔다. 부적당한 묘사일지는 모르나, 성경은 우리를 위하여, 우리가 진리를 알고 그 진리가 바로 우리가 '믿음'이라고 부르는 교리의 몸체를 만든다는 것을 알게 하기 위하여 어마어마한 대가를 치르고(우리가 방금 읽었듯이) 보존되어 왔다.

은혜를 알면 겸손해진다—인자하신 하나님께서 무엇보다

도 우리와 관계를 맺으셔야 한다는 것이다. 그러나 성경을 아는 지식 또한 명쾌함을 만들어 내는 진리를 사랑하는 법을 배우게 해 줄 것이다.

은혜가 없이는 우리는 명쾌함에 잔인해지게 된다. 진리가 없이는 우리는 신학과 우리가 받은 메시지에 대해 관대해진다. 복음은 '하나님이 우리를 사랑하시고 우리 그대로의 모습을 받아 주신다'는 내용으로 축소된다. 그러나 예전에도 많이 말해졌듯이, 그분은 우리를 너무도 사랑하셔서 우리를 죄인된 그대로의 모습으로 내버려두실 수가 없다는 사실이다!

은혜와 진리, 겸손함과 명쾌함. 나는 몇 군데의 교회 지도자 모임을 관찰했었다. 그곳에는 겸손함이 넘쳐흐르고 서로의 말에 귀기울이려는 기꺼움이 있었다. 그러나 그들은 정확한 시간이나 정확한 신학은 별 상관하지 않았다! 그런 후 나는 진리가 명쾌하게 지도되어서 주어진 신학보다 다른 어떤 믿는 것이 사람들을 즉시 처지게 만드는 상황도 겪어 보았다.

통제를 유지하려는 유혹

지노자는 양떼를 어지럽히고 싶지 않아 한다. 모든 것이 통제된다. 통제는 대부분의 교회에서 커다랗게 문제시되고 있다.

사도 바울은 고린도에 기초를 두고 교회를 세워 나아갈 방향을 설정해 주었다. 몇 천 명의 사람들이 많은 옳은 일들을 했다. 그러나 죽은 자에게 세례 주는 일, 음식을 갈취하여 다른 사람들을 주님의 식탁 앞에서 굶주리게 만드는 것, 해석이 없는 방언, 은사로 포장된 방종 등이 문제시되었다. 심지어는 부활을 믿는가 안 믿는가에 대한 논쟁까지 있었다. 바울의 바로잡기 위한 편지는 그 교회 성도들에게 만사의 질서를 잡는 일과 지나친 것을 피하는 일, 그리고 '세상의 명리와 육욕과 사심'을 어떻게 다룰 것인가에 대해 전해 준다. 하지만 바울은 교제와 사랑, 친밀감, 믿건 말건 간에 성령의 은사에 대해 격려를 아끼지 않고 있다.

갈라디아 지방(그곳은 조그만 마을이 아니라 군(郡)이나 주(州)같은 넓은 지역이었다)의 교회에 보내는 편지에서 바울은 그들이 '귀신들렸다'고 했다. 난폭한 말, 주술적인 것들로 기울어지는 마음. 왜 그런가? 그들은 통제하에 있었기 때문이다. 이것이 바로 항상 인간들이 하는 대답이다ㅡ통제란 만사가 무질서하게 될 때 할 만한 품위 있고 존중할 만한 것이다. 사람들은 통제를 원한다. 자신들이 진리를 가지고 있다고 믿기 때문이다.

진리와 체험

그러면 우리는 어떻게 하면 진리를 알 수 있을까?

우리의 뇌를 지식으로 가득 채우는 것이 언제나 잘못된 것은 아니다. 텅 빈 머리가 뭐가 잘났겠는가? 그러나 교리에 못지 않게 성경의 역사, 지리, 그리고 사람들에 대한 통계 자료와 데이타를 축적하는 것은 성경적인 생각이라기보다는 서구 사회에서 일어난 한 현상이라고 보는 것이 합당하다.

진리를 향한 갈망, 진리를 아는 것과 진리와 교통하는 것은 분명히 사실과 인물들, 그리고 성경적인 생각들을 기억하고 회상하는 것과 굳은 관계가 있고, 만일 이것들이 우리와 그리스도와의 교제를 성장시키고 매일매일 성령으로 충만해지도록 행해진다면 모두가 좋은 것이다. 그러나 예리한 성경 독자나 책 평론가, 헬라어와 히브리어 두 가지를 모두 사랑하고 배우는 사람들은 강조점과 목적에 있어서 교묘한 속임수를 가지고 있을 수 있었다.

성경 안에는 아는 것과 지식 사이에 조화가 있다. 늦은 밤에 하는 토크쇼에서 보면 여러분은 록 스타나 배우들이 나와서 이런 말을 하는 것을 듣는다. "예, 물론 난 그를 알아요. 하지만 물론 성경에서 의미하는 '안다'는 것과는 다르죠!" 그러면 한바탕 웃음이 터지곤 한다. 성경에서 아담이 하와를 '알았다'고 할 때, 그것은 하와가 저녁 식사에 뭘 준비하며, 무슨 옷을 좋아하고, 금단의 과일에 대해서 맥을 못 춘다는 등등을 '알았다'는 의미가 아니다. 성경적인 의미로 사람을 안다는 것은 교제와 사랑, 책임을 함축하고 있는 것이다.

십대였을 때 나는 런던에서 남서쪽으로 20마일 정도 되는 곳에 있는 플리머드 형제단 지부의 한 가스펠 홀에 앉아 있었는데, 종종 혼란스러웠다. 금박으로 된 벽에 쓰여 있는 성경 말씀을 바라볼 때마다 느낀 감정이었다. 날 몇 년간이나 당혹스럽게 했던 말씀은 바로 '내가 곧 길이요 진리요 생명이니'였다.

도대체 어떻게 사람이 길이 될 수 있단 말인가? 사람은 길을 가리키는 역할만 할 수 있지 않을까? 어떻게 사람이 진리가 될 수 있는가? 당신은 진리를 말하고 쓰고 말로 할 수는 있다. 그런데 어떻게 당신이 진리가 '될 수' 있단 말인가? 마지막 말씀은 걱정하지 않았다. 예수님은 생명을 가지고 계셨으니까. 창조자와 구속자로서 그분은 생명을 만드신 분이시자 받쳐 주시는 분이셨다. 그러나 그 '진리'라는 문제가 날 괴롭혔다. 정확한 데이타의 이해에 어긋나게 어떻게 진리가 한 인격체로 나타날 수 있단 말인가? 그러나 성경은 매우 특별하다. 예수님은 진리이시다. 우리는 그 진리를 알도록 초대되었고 교제 안으로 들어가는 것이다.

우리가 하나님에 대해서 아는 것들이라곤 그분께서 우리에게 자신을 나타내시고자 선택하신 것들뿐이다. 나는 하나님께서 창조와 율법, 선지자들, 그리고 나머지 성경과 예수 그리스도를 통하여 우리에게 나타내고자 선택하신 것 외에는 어느 하나 아는 것이 없고 그것은 여러분도 마찬가지이다. 이것을 잊어서는 안 된다 : 하나님은 그분 자신을 나타내시는 데에 추호의 의무도 가지고 계시지 않다.

진리란 사람들과 또 그들이 하는 일에 관한 것이다. 성경에 나오는 헬라어의 진짜 의미를 숙고해 보려고 애쓰면서

로저 포스터는 종종, 예수님께서 '왕으로서 다스리심' 혹은 그리스도인들은 '진리를 믿음'에 대해서 말하곤 했다.

새뮤얼 테일러 콜리지(Samuel Taylor - Coleridge)는 에베소서를 '지구상에서 가장 아름다운 문학'이라고 불렀다. 감옥에서 이 글을 쓰면서 바울은 성도들에게 '오직 사랑 안에서 참된 것을 하여' 성장하라고 부탁하고 있다. 그는 또 쓰기를, 그리스도의 몸이 함께 자라나 '각 지체의 분량대로 역사하여 그 몸을 자라게 하며 사랑 안에서 스스로 세우느니라'(엡 4 : 15 - 16) 라고 했다! '오직 사랑 안에서 참된 것을 하여'는 글자 그대로 '진리를 믿는' 것이다. 그러므로 성경적인 의미에서 누군가를 '안다'는 것이 단순히 그들의 전기물을 읽고 가십 거리를 듣는 것을 넘어 친밀함과 신뢰, 그리고 교제를 말하는 것과 같이, '진리를 안다'는 것은 그저 적혀져 있는 사실과 그림들을 보고 그것에 따라 살아가는 것(이것이 현대의 바리새주의 이다)보다 더 큰 의미가 있는 것이다. 그것은 친밀감, 곧 그리스도와의 교제이다. 그분은 오늘날도 여전히 말씀하고 계시며, 한번 말씀하신 후에 '이거나 읽으며 살려므나'하시며 책 하나 던져 주시고 끝내시는 분이 결코 아니다. 이런 종류의 기독교—바로 진정한 기독교, 신약 성경에 기초한 기독교이다—가 성신적인 동의와 언사(성경에 나오는 말들이라고 해도), 그리고 교회를 향한 관계도 없는 접근을 하는 기독교와 날카로운 대조를 이룰 것이다.

그러므로 나는 모든 성경적인 신학이 호된 체험 속에서 이루어져 왔다는 것을 말하고 싶다. 그리고 예언서들은 그 예언의 기록이 일어난 후, 때때론 몇 십 년 후에야 만이 이해될 수 있었음을 말하고 싶다. 머리가 예리하고 기름부음 받았으며 담대한 베드로는 이렇게 말했다. "이것이 그것이니." 많은 '그것'이 오순절에 일어나지 않았고 그때부터도 일어나지 않았다. 그러나 그는 진리를 말했다. 그는 이것이 성령임을—예언되었고 기다려 왔으며 이제 체험하고 있는 성령임을 알았던 것이다. 훌륭한 신학의 매우 중대한 문제는 성경과 이제 진행 중인 영적 체험간의 직접적인 연결 고리이다. 그 둘을 분리해 놓는다면 여러분은 현대의 바리새주의나 영지주의에 빠지게 되는 것이다.

신약 성경에 기초한 기독교는 제자화라는 것을, 죄인을 용서하고, 병자를 고치며, 마귀를 내어쫓고 희생의 삶을 드리는 것으로 정의한다. 성경에 관한 지식은 그것에서 와야 한다는 것은 자명하다. '··· 인정된 자로 자신을 하나님 앞에 드리기를 힘쓰라'라고 바울은 디모데에게 썼다. 그러나 이것이 제자화의 첫 번째 목표는 아니다. 왜냐하면 만약 그랬다면 바리새인들은 수많은 경우를 통해 예수님으로부터 그렇게 언사로 혹평을 당하지 않을 것이었겠기 때문이다.

추 수

확신할 수 있는 것이 한 가지 있다 : 무엇을 뿌리든 그대로 거둔다는 것이다.

우리가 현재 거두고 있는 것은 지난해에 우리가 뿌렸던 것들과 직접적인 관계가 있다. 많은 그리스도인들은 성경이나 성령, 혹은 그 둘에 대항한 조용한 반역을 하고 있다. 열매를 보라. 그러나 성경적인 관점에서 보면 순종은 정상이요 불순종은 비정상이다.

피어슨(A.T. Pierson)의 저서 '성경과 영적인 생활(The Bible and Spiritual Life)'에는 거두는 일에 대한 흥미로운 사실이 있다. 미국의 대각성 운동의 지도자였던 조나단 에드워즈(1703년에 출생했으며 1721년에 거듭난 사람이다)의 400명이 넘는 자손들의 흔적을 밟아 보았다. 그 자신이 열한 명의 자녀들 중 하나였고, 그것도 열 명의 누이들 중 외동아들이었다! 그의 자손들을 한 번 보라 :

부통령 2명
국회의원 6명
대학 총장 14명
교수 100명
목사와 전도사 100명
변호사와 판사 120명
의사 60명

거의 모든 미국의 주요 산업에는 조나단 에드워즈의 자손들이 포함되어 있는 것이다―그는 55세 때 사망했다.

이와 대조하여 에이브러햄 제이크스(Abraham Jakes)의 가족을 한 번 보자―그는 하나님의 은혜에 등을 돌리고 떠난 사람이었다. 1200명이 넘는 그의 자손들의 행적을 밟아 보았는데, 그 결과는 다음과 같다 :

알콜, 마약 중독자 400명

거지 810명

범죄자 130명

상습 절도범과 소매치기 80명

목매달리거나 전기 의자에서 처형당한 살인자 7명

단지 스무 명이 위의 방대한 숫자에서 빠져 장사를 배웠는데―그들 대부분은 감옥에 있었다!

급진적인 제자들은 급진적인 제자들을 양산해 내기 마련이다.

하나님께서는 극도로 은혜로우시다. 한 지역에서 그분과 그분의 말씀을 높이는 동안 우리는 다른 쪽에서 그분을 거역할 수가 있다. 하나님을 거역하는 자들은 우리 또한 거역할 것이다! 그러나 우리는 불에 불로 맞서 싸워서는 안 된다. 많은 사람들이 우리의 원수는 아닐지라도 우리의 원수처럼 행동을 한다. 우리는 원수를 사랑하라고 배웠다. 우리와 비슷한 위치의 사람들로부터 오는 적대적 요소를 다룰 때, 우리는 전쟁에 사용할 도구가 총이나 총알, 야구 방망이 혹은 날카로운 칼이 되어서는 안 됨을 이해해야만 한다. 우리는 편견이 있는 곳에 사랑을, 너무 율법적이어서 무자비한 곳에 은혜를 베풀고, 우리를 상관하지 않는 사람들을 위해 기도하라고, 다른 사람들이 지배를 원할 때 섬기기를 택하라고 부름 받은 사람들이다. 그리스도와의 교제로의 초대는 곧 우리 주위의 사람들을 사랑하라는 초대인 것이다.

진정한 영성은 우리가 고른 친구들 사이에서 배워지는 것이 아니다. 하나님의 사랑은 우리가 어떻게 선택할 수 없는 곳에서 발견되고 표현되는 것이다.

마샬 쉘리(Marshall Shelley)가 쓴 것을 보자. "가족과 교회는 초대를 한다고 모여지는 것이 아니다. 우리는 부모나 형제 자매가 누가 될 지에 대해 선택권이 없다. 그러나 그들을 사랑할 것이라는 것만은 기대할 수 있다. 누가 하나님 나라의 가족이 되고 안 될지는 선택할 수가 없다. 예수님을 주라 고백하는 자들은 누구든지 환영받을 것이다."

쉘리는 테베에 있던 그리스도인들의 친절로 인해서 기독교로 개종한 이집트 군인인 타코미우스 이야기를 쓰고 있다. 군대에서 나온 후 그는 세례를 받았는데 그 때가 주후 315년이었다. 그는 수도사 팔라몬의 제자가 되었는데, 그는 타코미우스를 자기 부인과 은둔사로서의 고독한 생활로 이끌었다. 슬프게도, 초기 기독교에서는 헌신의 본보기라고 하면 종종 문명에서 빠져나와 광야를 방랑하거나, 금식, 기도, 그리고 황홀한 영적 체험을 하는 것을 들었다. 어떤 이들은 풀만 먹었고 나무에서 살며 씻지도 않았다. 이것이 바로 거룩함의 모습으로 받아들여진 것이다. 이것은 혼자 고독을 씹으면서 준엄하게 살아야 함을 의미했다. 그러나 타코미우스는 자신의 신앙 환경에 의문을 제기하기 시작했다. 주위에 아무도 없는데 어떻게 사랑을 배우고 친절을 베풀며 인내할 수가 있단 말인가?

우리는 종종 우리보다 그리스도를 더 잘 안다고 단언하는 달갑잖은 사람들에 의해 둘러싸이게 된다. 우리는 가끔씩, 서로 어려운 것들을 말하고 '진리를 논하기' 위해서 불려 간다. 그러나 우리는 결코, 분노나 우월감, 혹은 거만함 -부지중에 표출되는 거만함까지도- 을 나타내라고 불려가지는 않는다. 만약 우리가 우리의 영적인 삶에 만족하지 않는다면(난 우리가 그러지 않기를 바란다), 다른 사람들 (우리를 대적하는 사람들도)과 자기만족을 하며 행동할 필요는 없다.

한 인간이 믿는 것보다도 영적인 여행이 더 중요하게 보이는 세대에 우리는 사랑과 진리에 초점을 맞추고, 성령께서 어떤 오묘한 역사를 행하시도록 구하여야 한다. 우리는 대적하는 자들을 만날 것이다. 그러나 어떤 부흥이든지 반대에 부딪히게 마련이고 어떤 대각성 운동이든 마찬가지이다. 자, 마주하자. 대부분이 바리새인들에게서 나올 것이다. 우리는 그들을 사랑해야 한다. 그러나 사랑 안에서 진리를 말하자. 그것이 바로 예수께서 하신 일이다.

대적하는 이들을 다루는 방법을 배움으로써 우리의 사역은 영향을 받게 되고 우리의 교제도 더욱 중요해질 것이다. 이것은 또한 미래를 정립하는 데도 도움이 될 것이다. 하지만 그 미래는 우리가 지금—현재 하고 있는 일에 의해 결정될 것이다.

그러면 이제는 무엇을 해야 하는가?

6. 현재를 살아가면서 ───────

당신은 주 예수님께서 이 세상을 구원하시려 하늘 보좌
를 떠나신 것이 자기 부인(否認)이었다고 생각하시오?
아닙니다. 사랑이었지요─모든 악을 삼키시는 사랑, 모
든 것의 처음이 되는 사랑이었다오.
　　　　　루드비히 폰 진젠도르프가 요한 웨슬레에게

　기독교는 새로운 선상에 있다. 수백만 명이 목적 있는 여
행에 함께 하면서 그 여세를 몰아가고 있는 것이다.
　부흥이나 대각성이 있을 때마다, 그것은 인간으로서의 예
수 그리스도께서 살아계신 소망이자 생생한 사실로 나타나
시기 때문이었으며 또 개인과 전체 지역사회의 어둠에 빛
을 비추셨기 때문이었다.
　그러면 우리는 어떻게, 탐 마샬(Tom Marshall)이 말했듯
이 '긴 기간'동안 활동할 수 있는 계획을 짜거나, 다음 세대에
투자를 할 수 있을 것인가? 그게 왜 그렇게 중요한가? 왜냐
하면 지금까지 살아온 그리스도인들의 모든 세대들이, 예수
님께서는 자신들이 사는 세대에 오실 것이라 생각했으나 그
렇지 못했기 때문이다! 그 사실에서 뭔가를 배우지 못한다면

부흥이나 각성은 제한되고 또 일시적인 것이 되어 버릴 것이다. 성공 대신에 우리는 실패를 경험하게 될 것이다.

25년간 지역적, 국가적 수준의 복음주의와 교회 세우기, 그리고 사회적 행동을 해 오면서, 나는 실패와 성공에 대해 많은 것을 배웠다. 또한 자신들의 믿음을 본보기로 보여주고 그 믿음으로써 나로 하여금 계속 전진하게 해준 이들로부터 참으로 많이 배웠다. 그들은 내가 지지부진하고 있을 때, 심지어 포기할 지경까지 갔을 때 많은 도움이 되어 주었다.

실제적으로 생각합시다.

어떻게 하면 주님의 재림을 앞당길 수 있을 것인가?(벧후 3 : 12) 어떻게 하면 우리는 흐릿해진 비전과 느릿느릿 진행되는 사역, 그리고 교묘한 대적들에도 불구하고, 오랜 시간을 견디어 내며 유용하고 열매맺는 제자들로 남아 있을 것이라는 확신을 할 수 있을 것인가?

현재와 우리가 선택하는 것들이 우리의 미래를 결정지을 것이다.

나는 그 동안 상처 입고 길을 잃거나 그리스도인들과의 교제에서 벗어나, 이제는 주님을 믿고 섬기는 데 '자유로워진' 많은 그리스도인들을 알고 있다. 그것이 의미하는 것은, 이제 그들은 다른 사람들과 함께 예배드리지 않아도 되도록 자유롭다는 뜻이다. 주님의 일을 하든지 말든지 자유이다. 함께 모여 기도하는 것도 마음대로 이다. 특별한 방법으로 믿음을 나누지 않아도 되고 자신들을 하나님의 사랑에 노출시켜 줄 사람들을 초대하지 않아도 된다. 그들의 자유는 마치, 바싹 마른 침대에 올려놓은 정기 원양선과 같다고 할 수 있다. 그런 배는 정말 자유롭다—바다로부터 자유로운 것이다. 하지만 배란 원래가 바다에 띄워지라고 만드는 것 아닌가. 마치 우리가 그리스도인의 교제와 사랑, 함께 드리는 예배와 기도, 나눔의 시간, 힘없는 자들과 소외된 사람들에게 말과 행동으로 보여주는 것을 위해 만들어진 사람들이듯이 말이다.

그런 상황에서 상처 입고 환멸감에 빠진 사람들은 마음과 생각의 변화, 그리고 방향(성경에서는 회개) 전환을 필요로 한다. 회개란 지금 처해 있는 위치에 대해 단순히 후회만 하는 것이 아니다. 회개는 방향을 바꾸는 것이다.

루이스(C.S. Lewis)는 회개가 하나님께서 우리로 돌아오게 만드시기 전에 우리가 해야 할 일이 아니라는 것을 분명히 하였다 : 회개는 단순히, 돌아오는 길을 묘사하는 것이다!

지나간 현재?

과거에 우리가 했던 성경적이고 도움이 되며 건전하고 소망 있는 결정들은 보통 우리의 현재 상태와 관계, 재정, 개인적이고 일반적인 도덕, 그리고 유용성과 직접적으로 관련이 있다.

마찬가지로, 자만심이나 무시로 인해 내버려두었던 좋지 않은 결정 또한 오늘날 우리가 있는 곳에 영향을 미친다. 실업자들, 병원에 누워 있는 병자들, 이혼한 사람, 외로운 사람, 감옥이나 정신병원에 있는 많은 사람들은 그 동안 했던 결정들, 마음과 생각 혹은 방향의 전환이 없이 남아 있던 결정의 직접적인 결과에 의해 그렇게 되어 있는 것이다. 모든 질병, 혹은 감금까지도, 잘못한 일 때문이라고 말하려는 것은 아니다. 그러나 건강하지 못한 삶과 질병, 감금, 그리고 잘못된 선택 사이에는 많은 경우에 직접적인 연결 고리가 있다! 그러나 회개하고 방향을 바꾸며 고치려는 노력을 발견할 수 있는 곳에는, 그 방향 전환이 다시금 우리의 환경과 태도에 영향을 미친다. 만일 우리의 현재가 과거에 의해 크게 좌우된다면, 우리의 미래는 지금 이 현재에 의해 크게 좌우되지 않겠는가?

　만일 우리가 일시적인 전력 질주 대신에 오래 머물려고 한다면, 성공과 실패를 가름하는 데 우리를 돕게 될 교훈들은 무엇이 있을까?

　나는 사역이라는 여행을 하는 사람들이 메시지 전달을 맺고 끊는 일을 잘 해내는 것도 역할의 하나라고 믿는다. 그것보다 우리는 사람들로 하여금 자신들이 보고 듣고 경험한 것들, 특히 자신들의 목회와 하고 있는 작업의 질을 증진시켜 온 많은 의견들을 채택할 수 있었던 곳을 이해할 수 있게 도와주어야 한다. 25년간 여행하면서 나는 사역에 크게 도움이 되었던 많은 것들을 보고 배우고 흡수했다. 그 것들을 여러분들과 공유하고자 한다.

1. 팀 만들기

신뢰가 없이는 진보란 있을 수 없다. 청년들과 일하건 음악 가들과 일하건, 목회이건, 복음 사역이건, 사회 활동이건, 문서 전달이건, 우리는 팀을 이루어 일할 필요가 있는 것이다.

우리는 테레사 수녀님이나 빌리 그래함 같은, 그리스도인 으로서의 능력 있는 큰 별들을 주신 하나님께 감사해야 한다. 그들은 하나님을 섬기는 일만으로 능력의 사람들이 되었다. 그들은 종종 여러 가지 대중매체를 통하여 알려지곤 했다. 성경은 성령에 의해서 의도적으로 빛을 받고 주위의 이목을 끌게 되는 인물들로 가득 차 있다. 그들은 성경이 쓰여지던 시대, 구약과 신약 시대에도 존재하였고, 오늘날 도 존재하고 있는 것이 그렇게 놀라운 일은 아니다.

그러나 하나님께서는 한 팀인 삼위일체의 하나님이시다. 그분의 목적은 개인이 아니라 공동체이다. 팀을 만들려고 한다면 우리는 모든 팀이 갖고 있는 높은 신뢰도(high trust factor)를 만들어야 한다. 많은 그룹들이 성공과 실패를 거치면서 서로를 다루는 방법에서 기인한 낮은 신뢰도를 가지고 있다.

그러면 우리는 어떻게 높은 신뢰도를 만들 수 있을 것인 가?

우리는 대가를 생각지 않고 사람들을 사랑한다.

우리는 다른 사람들이 저지르는 실수들에 민감하다.

우리는 이기적으로 될 수 있는 상황에서 내어 준다.

우리는 우리가 한 말과 약속을 꼭 지킨다.

우리는 우리 관점보다는 다른 관점에 더욱 무게를 두고 생각한다.

우리는 제멋대로의 방종을 두고 보지 않는다.

우리는 우리보다 나이가 어린 사람들에게라도 기꺼이 도움을 청한다.

우리는 스스로의 강점 못지 않게 약점도 잘 알고 있다.

우리는 다른 사람들이 우리가 해낸 일보다 더 잘 할 수 있도록 기도한다.

우리는 그들 안의 하나님을 향한 믿음을 표현하면서 사람들을 믿는다.

이것들이 신뢰를 만든다. 고정된 팀이건 책임 있는 사람들의 일반적인 팀이건 모두 적용된다.

자신의 강점을 아는 것은 필수적이지만, 팀을 구성하려고 한다면 약점을 아는 것은 더욱 더 필요한 것이다.

천국은 팀이다. 아담두 팀이 되었다. 우리는 구약 성경의 선지자들, 사사들, 제사장들, 지도자들을 통하여 팀이 이루어졌음을 본다. 예수께서도 세례 받으신 후에 같이 일을 하셨다—그분은 팀을 부르셨고 그들 안에 높은 신뢰도를 쌓으셨다.

어떤 사람이라도 그가 속한 팀보다 나은 사람은 없다. 나는 지금 지도자 자리에 있는 자나 또 그 자리를 소망하는 자들에게 다음을 말해 주고 싶다 :

사랑을 기대하거든 사랑을 주라.
돌봄을 기대하거든 먼저 돌봐 주라.
자비를 기대하거든 자비를 보여 주자.
용서를 기대하거든 먼저 용서해 주라.

이것이 신뢰도를 쌓는다. 그것 위에 팀이 세워지는 것이고, 그 팀은 천국의 모습이 될 것이다.

2. 전문가주의의 박멸

효과적이고 전문적인 사람이 되는 것은 매우 바람직한 것이다. 무능하고 미숙한 것이 뭐 자랑할 일인가? 의도만 좋다고 다 되는 것이 아닌 것이다. 그것들은 그리스도의 사역을 완수하는 데 적절치 못한 것이다. 다른 사람들로부터 배우는 것이 중요하다. 우리는 우선권을 놓고 선택할 수밖에 없다. 모든 것을 동시에 해치울 수는 없는 것이다!

그러나 사람들보다 조직과 목회에 관해서—실제보다는 머릿속 생각에 더 치중하는 전문가주의가 있다.

초기 제자들은 유용한 사람이 되기 위해 애를 썼다. 어떤 사람은 이렇게 말한다. "우리가 그 제자들이 믿는 것을 믿었다면, 아마 그들이 달성한 일을 우리도 달성할 수 있었을 텐데!"

글이나 대중 앞에서 하는 웅변, 상담, 음악적인 기술, 성경 공부 안에서 유용하고 전문적이 되기 위해서 관리가 요구된다. 그러나 하나의 '주의(-ism)'로서의 전문가주의는 오로지 위원회와 우리를 기쁘게 해 주는 데만 관심을 갖는다. 이런 관점에서의 전문가주의는 우리가 섬기고 있는 사람들로부터 아주 떨어져 나올 때 일어난다. 나는 공적 생활은 그 스타일과 내용에서 더없이 훌륭하고 정말 영민한 사람들을 많이 알고 있다. 하지만 사적으로는···? 그건 다른 문제다.

국제적으로 잘 알려져 있는 지도자 한 사람과 만나 했던 얘기가 종종 머릿속에 떠오른다. 그는 내 친구 중 한 사람을 두고 이렇게 물었다. "그 사람 말이야, 실생활에서는 그렇게 좋은 사람이 왜 설교단에서는 그렇게 독단적이고 덤벼들려고만 하지?" 그가 뭘 말하려는 건지 종잡을 수가 없어 나는 되물었다. "왜 그런 말을 하시죠?" "우리가 알고 있는 대부분의 지도자들은 설교단에서는 참 무난하게 행동하는데, 사생활에서는 그렇지가 못하단 말이야!" 나는 그때서야 그 말이 칭찬임을 깨달았다!

영적인 정신분열증은 언제나 전문가주의와 결부되어 있다. 사실상 두 삶(공적, 사적인 삶)은 너무나 분리되어 있어서 서로에 대해 머리를 끄덕하여 인사만 나누는 정도의 안면밖에 없는 지경까지 이르는 것이다.

전문가주의는 언제나 광신적인 신앙으로 향하는 첫걸음
이다. 독실해지기 위해서 성복을 차려 입어야 할 필요는 없
다. 그렇게 차려 입는 많은 사람들이 모두가 독실한 신앙인
은 아니다. 그러나 그저 평범한 옷을 입고도 오순절주의자
나 은사주의자의 시각으로 독실하게 보이는 사람들도 있다.

성경에서 보면 공적으로 어떻게 처신할 것인가와 진정한
영성간에는 아무런 직접적인 고리가 없다는 것을 우리는
인정해야 한다. 공적인 관점에서 설교단이나 대중 매체에서
는 아주 잘 처신하는 사람도 사생활은 완전히 엉망인 경우
가 얼마나 많은가.

죄와 실패의 고백이 전문가주의를 뿌리뽑는 데 일조 한
다. 고백은 사물을 빛 가운데로 가져와 준다. 그 빛은 사물
을 변화시키지는 않는다. 단순히 그 실체가 무엇인지 드러
내 주는 역할을 할뿐이다.

3. 싸움 없는 삶은 거부한다

우리가 싸우기를 거부하는 그 무엇은 빙빙 돌아서 몇 달
후에 정면으로 우리를 후려갈기는 경향이 있다.

하나님께서 주신, 싸우고 도전하고 질문하라는 명령이 아
무나 분개시키고 짜증나게 한다고 느끼는 사람들이 있다.
그것은 우리 주님의 성령과는 아주 다른 어떤 영으로부터
오는 느낌이다. 해야 할 때만 어려운 일을 말하고 그러면서
도 슬픔과 마지못해 하는 태도를 보여주는 것이다.

그러나 대다수의 사람들이 싸우기를 거부한다. 기껏해야

우리는 '그것에 대해 기도할' 뿐이다.

여호수아도 그랬다. 그는 이스라엘의 범죄한 것을 두고 대적하라는 하나님의 명령을 받았으나 그 대신에 재와 티끌을 덮어쓰고 금식하며 기도하기를 택했다. 그러나 하나님께서는 많은 말씀으로, 기도하는 것이 옳지 않고 싸우러 나아갈 때가 있음을 말씀하셨다(수 7 : 10) 지도자들—진정한 지도자들은 기꺼이 싸울 태세가 되어야 한다.

나는 소득신고 건을 두고 정직하게 처신하지 못해 온 사람들과 남자, 여자 친구들과 동침해 온 사람들, 그리고 다른 사람들이 다 알고 있는데도 가십을 퍼뜨리거나 공공연히 거짓부렁을 해 온 사람들을 보며 참으로 많이 놀랐다. 그러나 그 '다른 사람들'은 싸우질 못한다. 그 성경적이지 못한 행동에 연루된 사람들은 자신들이 결코 질책이나 도전을 받거나, 하다못해 부드러운 지적조차도 받지 않을 것임을 알고 있다. 우리는 겁이 나기 때문에 보고서도 눈을 다른 데로 돌리고 귀를 막으며 부정을 눈감아주기 마련이다. 이 상황이 결국은 비극으로 치닫게 되는 것이다.

우리가 하나님 보시기에 신실한 자녀들로 남아 있기 위해서는 그분께, 우리의 영혼에 강철같은 기운을 넣어 달라고 간구해야 한다. 그리고 그분의 은혜와 자비로 우리는 반드시, 친구들과 동업자들을 기꺼이 마주해야 한다—고립보다는 함께 하기 위해서, 저주하기보다는 축복하기 위해, 현재와 미래를 옳게 살아가는 데 도움을 주기 위해서 말이다.

옳은 선택은 평화를 가져온다.

평화가 분쟁이 없음을 의미하는 것은 아니다. 그것은 우리가 하나님 앞에 있음을 의미하는 것이다. 그분의 뜻을 행하고 그분을 기쁘시게 하고 있음을 깨닫는 시간인 것이다. 이 모든 것이 성경의 관점에서 분명한 것이고, 개인적인 해석이나 감정에는 열려 있지 않다. 하나님은 싸움 없는 생활 습관으로부터 해방시키신다.

우리 주님께서는 서로간에 잘 지내기 위해서 우리가 무의식중에 저질렀던 일들을 잘 마무리하도록 허락해 주신다. 신약 성경에는 우리가 그리스도의 마음과 생각뿐만 아니라 그분의 눈과 귀의 역할도 할 책임이 있음을 가르치는 증거로 가득하다. 그러나 싸움이란 화가 나서 서로 눈동자만 마주보고 서로에게 손가락을 휘저어 대는 것을 의미하는 것은 아니다. 삶 속에서 죄를 발견한 사람들과 성경 말씀과는 다른 무질서 속에 있는 자신을 발견하는 사람들은 변화나 탈출하는 방법을 원한다. 성령을 거역할 수도 있고 성경 말씀을 거절할 수도 있으나, 그 거역과 불순종의 결과를 가지고 주저앉을 때는 애타게 탈출구를 찾는 것이다. 첩첩 쌓인 죄의식과 부끄러움이 적절한 반응을 어렵게 만든다. 이상적인 세상에서는 회개와 고백, 사과가 나오는 것이 당연하겠으나, 우리 인생은 우리가 바라는 것만큼 그렇게 이상적이지가 못하다. 그러므로 "이런 상황에서 내가 당신을 도울 수 있는 방법이 있을까요?"하는 친절한 말과 용서를 말해 주는 포옹은 격앙된, 분노로 가득 찬 싸우는 음성보다 백배는 더 효과적이라고 말하고 싶다. 어떤 문제를 다룰 때나 사람들과 대결하게 될 때, 그들을 이기고 싶어하는 것인지 아니면 단순히 그들의 실수를 지적해 주고 싶은 것인지를 우리 자신에게 분명히 물어 볼 필요가 있으리라.

4. 당신이 관리하고 있는 그룹을 잘 살펴라!

'친구를 봐서 그 사람을 안다'는 정말 옳은 말이다. 그것은 '직원을 봐서 회사를 안다'라고도 말할 수 있을 것이다.

우리는 모두, 잃어버린 자들과 환멸감에 빠진 사람들, 냉소적인 이들을 사랑하라고 부름 받은 사람들이다. 그러나 될 수 있으면 그것은 일방 통행이어야 한다! 신앙인으로서 우리는 상처 입고 어쩔 줄 모르는, 냉소적이고 염세주의자가 되어 버린 자들에게 뭔가 영향을 미치라고 부름 받은 것이다. 우리는 그들로부터 지나치게 영향받고 싶어하지 않는다. 그들은 우리가 들을 필요가 있는 것들을 가지고 있을 수도 있지만, 우리는 그 생각과 태도를 받아들이기를 꺼려하고 있다.

다윗왕의 아내인 미갈이 '다윗의 아내 미갈'이라고 언급된 적이 한 번도 없나는 것은 참 주목힐 민하다. 그녀는 언제나 '사울의 딸'이라고 언급될 뿐이다. 그녀는 하나님의 사람의 아내가 아닌, 실패함으로 사탄에게 져버린 사람의 딸이라고만 알려지게 되었다. 여러분은 어떻게 알려지고 싶은가?

하나님의 자녀들과 동일시되고 싶은가(그들이 실패를 하

긴 했어도), 아니면 냉소적이고 불평만 가득한, 고립되어 자기밖에 모르는 사람들—모든 일에 말로는 참견하면서 아무것에도 헌신적이지 못한 그런 사람들과 동일시되고 싶은가?

모세는 이스라엘 백성을 애굽에서 인도하여 내었다. 주석이 딸린 성경을 읽어보면, 그 수는 적어도 1백에서 2백만 명 사이라고 나와 있다. 그들 모두가 약속의 땅에 대한 비전을 가지고 있었다. 그러나 성취한 것은 여호수아와 갈렙 두 명뿐이었다. 왜인가? 하나님 믿기를 그만두고 불평하기 시작했기 때문이다.

불평이란 쉽고, 전염병처럼 잘 퍼지며, 손해를 입히고 신앙을 파괴한다. 마음속에 믿는 마음과 불평하는 마음을 동시에 가질 수는 없다. 불평은 영혼에 어두움을 드리운다. 하나님께서는 모세와 이스라엘 백성들에게 '젖과 꿀이 흐르는 땅'을 약속하셨으나 직후에 그들을 물도 없는 광야로 인도하셨다. 한 인간의 삶이나 교회에 큰 언약이 주어질 때는 하나님께선 어김없이 그(그들)를 광야의 경험을 하도록 만드시는 것이다. 그 시간이 신앙을 키우는 시간이 될지 아니면 불평거리를 키우는 시간이 될지는 그들에게 달린 것이다.

모든 지도자들은 실패한다. 다윗왕도 실패했다. 모세도 마찬가지였고, 사도 바울도 그랬다.

모든 지도자들은 실수를 하기 마련이다. 에드워드 스미스 (Edward Smith) 선장이라는 사람은 바다에서라면 한 번도 실수한 적이 없는 뱃사람이었다. 그 이유 때문에 그는 타이

타닉 호의 처녀 항해라는 막중한 임무를 맡게 된 것이다! (그 배의 운명을 생각해 보라)

결코 실수하지 않는 사람들은 교회 안에서 가장 위험한 사람들이다. 물론 전혀 실수하지 않는 사람들은 존재하지 않는다. 그들은 단지, 실수하지 않은 체 하고 있을 뿐이다. 아니면 '나는 실수하지 않는다'라고 자기최면을 걸어 믿고 있을지 모르는 일이다. 이것 때문에 우리는 사람들로 하여금 죄짓는 것을 허락하는 교회를 만들어야 하는 것이다. 충격적인 말이 될 수도 있을 것이다. 하지만 그게 아니라면 우리는 사람들로 죄짓지 못하게 만드는 교회를 만들어야 한다. 생각해 보라. 죄를 지었을 땐 그들은 어떻게 할 것인가? 은폐하거나, 숨기고 모른 체 해야 한다. 우리는 죄를 허락하는 교회를 만들어서, 성도들이 고백과 회개의 장으로 나올 때 친구며 동료며 지도자인 사람들이 충격에서 벗어나 도움을 줄 수 있게끔 해 주어야 한다.

숨기고 있는 문제는 우리를 지배한다. 더욱 가깝고 생산적인 그리스도의 제자가 되기 위해 노력하면서, 우리는 지속적으로 믿음을 발견하고, 믿음과 함께 걸으며, 불평하는 입술과 그들을 담고 있는 무리를 다루어 낼 필요가 있다.

과거에 묻혀 사는 건 쉬운 일이다─오늘이 어제, 작년, 10년 전과 같기를 바라는 것이다. 나는 사람들이 교회를 떠날 때가 되어 종종 이렇게 말하는 것을 들었다. "여긴 내가 그동안 몸담았던 교회가 아닌데요!" 그것에 하나님께 감사한다! 내가 이끄는 파이오니어 교회가 1980년과 같지 않음을 나는 감사한다. 1990년에 있었던 파이오니어 교회도 아니고, 또 나는 2000년에는 정말 몰라볼 정도로 성장하기를 기도한다. 오랜 시간을 그 교회에 몸담았던 많은 이들이 목자적인 돌봄, 기도, 선교, 그리고 사회적 행동에 더 큰 책임을 떠맡게 되기를 나는 소망한다.

우리는 영구적인 유아들을 생산해 낼 커다란 위험에 처해 있다. 목자의 역할을 하는 사람들은 많지 않은데, 정말 압도적인 숫자의 성도들이 모두가 아이처럼, 당연히 누가 돌봐 주고 사랑해 주고 애지중지 키워 주며 관심을 가져 줘야 한다고 생각할 때 그런 위험이 커지는 것이다. 지금까지 본 것처럼, 목회의 전체적인 역할은 성도들로 하여금 자기와 남에 대한 책임감을 갖도록 지도하는 것이다. 그것이 바로 성장이다. 우리는 성장하거나 역할이 바뀔 때 불평하는 대신 성장을 위한 계획을 세워야 한다.

자, 우리가 받은 복을 하나하나 세어 보고 서로를 격려하자. 서로 내뱉는 욕설을 담는 쓰레기장이 되기보다는 서로에게 도움이 되는 자원이 되기 위해 애쓰라.

이 불확실성의 시대에 안전한 장소로 칩거하는 것이 차라리 속시원하게 되었다. 마지막으로 기회를 잡았을 때 우리는 가끔씩 자문해 볼 필요가 있다. 죄악과 불안은 우리를 겁먹게 하고 우리 또한 그것을 타인을 겁주는 데 이용할 수가 있다. 특히 끝없이 앞으로 전진해 나가고자 하는 사람들을 말이다. 그러면 우리는 이 현재의 불편으로부터 우리를 이끌어 내 줄 바로 그 사람들을 적대하고 불평하며 끝을 맺게 되는 것이다.

5. 전통을 경시하지 말라

전통 그 자체는 좋지도 않고 나쁘지도 않다. 왜냐하면 분명 나쁜 전통이 있음을 우리는 모두 알고 있으나 좋은 전통 또한 있다는 것을 기억할 필요가 있기 때문이다.

우리는 초대받은 식탁 머리에서 '식사 기도' 때문에 민망한 침묵에 빠져 기다리던 경험을 가지고 있다. 기도할 차례가 되면 음식은 벌써 반쯤 식었고, 우리는 관습적인 루틴을 따른다.(나는 식사를 다 한 다음에 감사 기도를 드리는 것이 더 좋지 않을까 하고 생각해 보곤 한다. 그게 더 정직하고 현실적이지 않을까?)

교회 안에서 의미 없는 전통에 좌지우지되어 보지 않은 사람들은 거의 없을 것이다. 우리는 주일 저녁에 회심자들에게 복음을 설교한다. 그러나 그것은 과거에 언제나 있었고 또 언제까지나 있을 설교 모임이며, 바꿀 수가 없는 것이다. 우리는 서로에게 말조차 걸지 않으면서 떡을 떼고 포도주를 마신디(키스테라나 포도 주스일 때도 있지만). 우리는 하나님과는 '교제'할지는 모르나 형제 자매들과는 그렇지 못하다. 이것은 또 하나의 성경적이지 못한 전통인가? 그러나 만일 우리가 서로 말을 걸며 껴안고서 떡과 포도주를 나눈다고 한다면 수많은 교회는 아마 집단적인 심장마

비에 걸릴지도 모른다.

무수한 교회들이 여전히 밖으로 나가 더 많은 사람들을 끌어오려고 문을 두드리고 있다. '자, 어쨌든 그들은 복음을 들었어!' 지역사회에 복음을 전하는 데 왜 더 창조적이지 못했는가 하고 내가 물었을 때 누군가 내게 해준 말이다.

우리 모두는 의미 없는 전통, 나쁜 전통, 열매 없는 전통을 경험했을 뿐만 아니라, 대부분이 그것에 의해 손해도 입었다. 그것에 도전하는 것은 비싼 값을 치러야 하는 일이고 그것에서 나오는 것은 희생이다.

그러나 좋은 전통들도 있다. 우리는 어떤 전통들은 지킬 필요가 있다. 내가 '친숙한 표지물'—길을 가다 만나는 이정표라고 부르는 것들, 그것들은 우리에게 더 나은 것들을 가리켜 주기 때문이다.

교제와 포용의 바른손을 뻗는 전통은 좋다. 인지하기도 힘들게 조금씩 주어지는 것보다 한없이 더 좋은 것이다.

식사할 때 (식사 전이든 후이든) 손을 맞잡고 하나님께 감사하는 것은 어떤 종류의 종교적 관습에 따라 '감사 기도'를 드리는 것보다 훨씬 낫다. 음식과 마실 것에 대해서 감사한다는 것, 특히 손님들과 함께 감사하는 것은 참 중요하다. 그렇다고 햄버거를 먹거나 아침에 콘플레익스, 혹은 한밤중에 그릴 치즈가 얹힌 토스트를 먹을 때마다 맹목적으로 꼭 해야 함을 의미하는 것은 아니다.

신도들이건 비신도들이건 간에 먹고 마시기 위해서 사람

들을 집에 초대하는 것은 또 다른 좋은 전통이다. 모든 교회들은 저마다의 환대나 또 그 미달 수준에 따라 유명하다. 그리고 나는—아마 대부분의 독자들보다 더—그 두 범주를 두고 고통도 받았고 축복도 받았다. 나중 것을 생각하면, 다른 사람들이 즉시 당신을 편안하게 만들어 주는 반면에, 어떤 사람들은 자신들의 정상적인 일과를 뒤죽박죽으로 만드는 것에 대해 언제나 사과하고 싶어한다.

하나님께, 그분의 행하심과 필요에 헌금을 드리는 관습은 하나님께서 자신의 마음을 주셨다는 것을 반영한다. 이 탐욕과 권력에 굶주린 세상을 위해 하나님께서 하신 일은 무엇인가? '독생자를 주셨다.' 그분은 이 '얻고', '획득하고', '사재기하는' 세상에 아들을 '주심'으로 끼어 드셨다. 준다는 것은 참 훌륭한 전통이다.

우리 파이오니어 교회나 국가적인 파이오니어 리더쉽 회합 중의 하나에서 연사를 초청할 때마다 우리는 그 사람이 잘 하건 못하건에 상관하지 않고 그 사람에게 먼저 무엇을 주어야 할 것인가에 대해 의논을 한다. '일군이 그 삯을 받는 것이 마땅하다'라고 하지 않으셨는가. 무엇이 좋을까를 의논할 때, 만일 지역 교회에서라면 나는 종종 나이젤 데이(Nigel Day)에게 말하곤 한다. "글쎄, 무엇을 주어야 할까? 이게 좋을까, 아니면 저것?" 그는 내 마음을 헤아려서, 더욱 중요하게는 하나님의 마음을 깨닫고는 이렇게 말하곤 한다. "마음껏 베풀어 드리지요, 뭐." 하나님께서는 경제학자가 아니시다—피조물 자체가 그분이 관대하시며 베푸시는 주님 이심을 나타내고 있지 않은가.

우리는 다른 수준에서 의사 전달을 한다. 어느 늦은 여름, 나는 브리스톨의 데이빗 데이(David Day)가 섬기고 있는 교회에서 여는 일련의 모임에서 설교를 했다. 내가 머물 방에 도착했을 때 거기는 두세 다발의 싱싱한 꽃—아마 정원에서 꺾은 것 같은—이 향기를 뿜고 있었다. 그리고 사탕과 자 한 접시와, 내 아내를 위해서 셰리 주(남스페인산의 독한 황갈색 포도주)(그녀는 그 주에 나와 함께 할 수가 없었다), 그리고 다정하고 훈훈한 말이 담긴 카드가 함께 있었다. 정신없이 바쁜 밤낮을 보내고, 나는 주일 아침에 일어나 신선한 커피 한 잔과 신문을 찾았다. 그들은 내가 아침을 들것인지, 그리고 무슨 신문을 읽는지조차 다 알고 있었다. 나는 The Independent on Sunday를 읽는다.

이 모든 것들이 뭔가를 전달해 준다. 그게 다 아마 5파운드 정도밖에 안 될 것이다. 그러나 그것의 열 배가되는 수표라도 그때 내가 느낀 (결과적으로 강단에서 좋은 설교를 할 수 있게 해 준) 편안함과 우정, 그리고 따뜻함을 전해 주지는 못했을 것이다.

나는 앞장에서 율법서보다 탈무드와 더욱 관련이 있는 '장로들의 유전'에 대해서 말한 적이 있다. 그 전통들은 외골수에다가 무자비했다. 그러나 우리가 고정된 도덕성과 윤리, 그리고 융통성 있는 전통 사이의 차이를 인식함에 따라 우리는 성장과 유용함을 평가해 볼 수 있게 될 것이다.

6. 믿음과 기도 안에 거하라

어떤 과학자들은 말하기를, 우리가 눈으로 보는 것이 그 문제의 본질에 대한 모든 논쟁을 마무리짓는다고 한다. 그러나 성경에는 다르게 나와 있다. 믿음, 혹은 신실한 기도는 보이는 것들에만 영향을 주는 것이 아니라 보지 못하는 것들까지 볼 수 있다. 믿음은 문제를 완결 지을 뿐만 아니라 사실 문제와 사건들을 바꿔 놓는다. '믿음은 바라는 것들의 실상이요 보지 못하는 것들의 증거니'(히 11 : 1)

개인과 사람들 모임과 상황에 대해 하나님께 말씀드림으로써 우리는 그 사람들과 그 상황에 대해 말하고 보는 방법이 바뀌어진다.

그러나, 아직 단절론자(cessationists)들인 그리스도인들이 많이 있다—그들은 성경의 규범들이 마무리되었을 때 성령의 은사는 이미 그쳤다고 믿는 사람들이다. 신유가 그치고, 응답 받은 기도도 믿음과는 그리 상관이 없으며 하나님의 주권과 더 관련이 있다고 믿으므로 그들은 이렇게 기도할 수 있을 뿐이다. "뜻이 이루어지이다." 하지만 내가 지적하고 싶은 것은, 베드로가 물위를 걸을 수 있었던 것은 하나님의 주권 때문이 아니라 베드로의 믿음 때문이었다. 그게 되지 않자 그는 가라앉았던 것이다!

단절론자들은 치료해 달라고 기도는 할지 모르나 믿음 안에서 하지는 않는다. 그들은 하나님께서 자신들에게 말씀하실 것이라 기대하지 않는다. 그들은 성경을 가지고는 있다. 그러나 그들의 관점은 하나님에 대한 더욱 다이내믹한 체험을 추종하기 바쁜 개인과 교회와 전체 국가에 의해 압도당해 버렸다. 게다가, 많은 학문적이고 신학적인 연구에 의해 이 단절론자들의 관점이 얼마나 공허하고 황폐한 것인지 알려지게 되었다.

가짜 예언과 이적들이 있을지라도, 가짜가 있는 곳에는 분명 그 가짜가 모조할 수 있었던 진짜가 있는 법이다! 만약 오늘날 더 이상 진짜 성령의 은사가 없다면 어떻게 가짜의 성령의 은사가 나타날 수 있는가?

주거나 받거나

미국의 백만장자 폴 게티(Paul Getty)가 사망했을 때 사람들은 그의 회계사에게 물었다. "그 사람 뭘 남겼어요?" 즉시 그는 이렇게 대답했다고 한다. "전부요— 전부 다 남기고 갔죠!"

그리스도께서 하늘 보좌에 앉으시기 위해 이 땅을 떠나셨을 때, 성경은 그분께서 당신의 교회에게 '전부—전부 다 남기고 가셨음'을 알려주고 있다.

스코필드(C.I. Schofield)는 단절론이나 성경의 섭리주의 관점을 받아들였다. 이것은 미국과 유럽 두 곳에 영향을 주었다. 1907년에 나온 스코필드 성경(Schofield's Bible)의 오리지널 버전에서는 고린도 교회가 '엄숙한 지도보다는 표적의 은사 속에서 유치한 기쁨'에 빠져 있었다고 했다. 기도와 믿음은 특별한 것이라기 보다는 일반적인 것이었다. 믿음은 점차 '그 믿음(the faith)'이 되었다—뭔가 아주 다른 것이 되어 버린 것이다.

믿음과 기도 안에 거하기 위해서, 여러분은 믿음과 기도 안에 거하는 형제 자매들 안에 여러분을 들여보낼 필요가 있다. 기도는 영적인 건강으로 인도한다. 그것이 바로 우리가 다른 이들과 함께 하나님을 높여 드리고 예배할 수 있는 축복 받은 상태이다. 또한 이 무자비하고 압제하며 절망적인 세상에서 하나님의 마음을 느낄 수 있는 곳이기도 하다.

미국에서 최근 행해진 통계 조사에서, 74%의 그리스도인들이 영적 전쟁에 대해서 '좀더 많이' 생각하고 있다는 결과가 나왔다. 악한 영이 활개를 치게 됨에 따라 기도는 더욱 의미가 깊어졌다. 영적 전쟁은 모두가 방해물에 관한 것이다. 방해물이란 무엇인가? 여러분이나 사람들의 모임, 교회, 마을이나 국가에 방해가 되는 되는 무엇이든지이다.

(a) 기도는 명확성과 지혜를 이끌어 내는 분위기를 만들어 준다.

이것은 직장에 못지 않게 가성과도 관계가 있다. 쉬는 시간에 못지 않게 교회와도 관계가 있다. 이것은 우리 주위에 있는 아직 그리스도인이 아닌 사람들과 믿음을 나눌 때 적절하다. '아무 것도 염려하지 말고 오직 모든 일에 기도와 간구로, 너희 구할 것을 감사함으로 하나님께 아뢰라 그리하면 모든 지각에 뛰어난 하나님의 평강이 그리스도 예수 안에서 너희 마음과 생각을 지키시리라'(빌 4 : 6 - 7) 기도는 사물을 빛으로 가지고 나와서 명확하게 드러내 준다. 모든 빛이 다 그렇듯이 말이다.

(b) 기도는 기름부음과 은혜를 증가시킨다.

느헤미야는 설명하기를, 도움을 필요로 할 때 그는 '내가 곧 하늘의 하나님께 묵도하고 왕에게 고하되 왕이 만일 즐겨 하시고 종이 왕의 목전에서 은혜를 입었사오면 나를 유다 땅 · · · 성읍에 보내어 · · · '(느 2 : 4 - 5)라고 했다. 교회는 하나님의 응답하심이 있을 때만이 교회로서 가치가 있다는 말이 있다. 그게 없다면 그 교회는 단순히 종교적인 행위를 하고 있을 뿐인 것이다. 아마 그리스도인이란 그리스도로부터 응답을 받을 때에야 그리스도인이라 할 수 있지 않을까. 기도는 그 응답을 받는 데 쓰이는 주요한 도구이다. 기도하는 사람들은 하나님의 은혜를 발견한다.

(c) 기도는 기회를 제공한다.

사탄은 기도를 방해한다. 왜인가? 간단하다. 그는 우리 앞에 문이 닫히기를 원하기 때문이다. 그는 복음의 전달이 막혀지기를 바란다. 사단은 베드로를 원했으나 예수께는 그를 위해 기도했다고 하셨다. 그리스도께서 그를 위해 기도하지 않으셨다면 어떻게 됐을 것인가? 기도는 우리 자신의 기준으로 서로를 들추어내고, 괴롭히고, 불평하고, 정죄하는 대신 우리로 서로 사랑하고, 서로 돌봐 주고, 서로의 뒤를 지켜주는 기회를 만들어 준다. 기도는 사단을 짜증나게 하기 위해 하나님의 능력을 입는 중요한 수단이다. 기도는 문을 연다.

이런 말도 있지 않은가. "우리가 일할 때는 우리가 일하는 것이다. 우리가 기도할 때는 하나님께서 일하신다!"

(d) 기도는 삶에 의미와 목적을 갖게 해 준다.

한 대표적인 무신론자는 이렇게 말했다. "내 인생은 아무런 의미도 없다. 난 다른 사람들의 인생이 왜 의미가 있어야 하는 것인지 이해할 수 없다." 20세기 중반의 또 다른 대표적인 무신론자인 버트란드 러셀(Bertrand Russell)은 다소 슬프게 이렇게 말했다. "나는 사랑이 증오보다 낫다는 것은 알고 있다. 하지만 왜 그런지는 답할 수가 없다." 그 두 무신론자가 믿음과 기도의 사람이 아니었다는 사실은 분명하다! 믿음과 기도는 사랑의 관계를 형태지어 주고, 사랑은 감정이 아니라 일련의 선택이다. 감정을 주신 하나님께 감사하지만, 기도와 믿음은 선택의 문제인 것이다. 나뭇잎을 밟고 걸으며 기도를 하든, 이른 새벽에 일어나 집안에서 하나님과 교제의 시간을 갖는, 기도와 믿음은 우리에게, 다른 어떤 것들로도 얻을 수 없는 삶을 조망하는 힘을 준다. 믿음과 기도 안에 거하라.

7. 성경을 읽고 적용하라

성경은 읽지 않으면 적용할 수가 없다. 읽고 난 후에는 개인적으로, 또 모임으로 우리의 행동거지와 전략적인 모든 영역에 그 진리를 적용해야만 한다. 나는 소위 성숙한 그리스도인이라는 사람들이 성경과 전혀 동떨어진 말과 행동을 하고 있으면서 당연히 그래도 된다고 느끼고 있는 것을 알게 되면 정말 할 말이 없다.

1986년, 체르노빌의 핵 발전소 내에는―나중에 '허가 받지 않은 실험'이라고 발표된―한 실험을 하고 있던 두 전기 기술자들이 있었다. 그들은 무엇을 하고 있었는가? 그들은 터빈 모터가 전원을 차단했을 때 얼마나 오래 더 돌아갈 것인가를 알아내려고 시도하고 있었다. 원자로가 그런 낮은 범위에서는 대단히 불안정해진다고 한다. 그 실험을 하기 위해서 그들은 여섯 개의 분리 컴퓨터 작동 경보 시스템을 손으로 무리하게 움직여야 했었다! 그들은 그 하나 하나를 무시해 버렸다. 그 결과 세계에서 가장 커다란 산업 재해라는 불명예스런 타이틀이 그들에게 남았던 것이다.

그들은 자신들의 안전을 위해 만들어진 지시 사항들을 단순히 실험 때문에 간과했다. 많은 그리스도인들이 진리를 가지고 실험하거나 성경을 가지고 논다. 성경의 진리는 받아들여지든 거절 당하든지는 할 수 있으나, 단 하나, 진리가 바뀔 수는 없는 것이다!

성경은 우리에게 상호관계의 모델을 보여주고 있다. 원수와 또 원수처럼 행동하고 있는 사람들을 향해 어떻게 처신할 것인가를 말해 준다. 성경은 상호 규율이 있는 교회의 모델뿐만 아니라 행동과 말속에서 복음을 어떻게 전달할 것인가에 대한 모델도 보여준다. 100년 전 스펄전은 교회에게, 성경적인 복음의 시각에서 떠나 부유(浮游)하고 있음을 경고했다. 그런 일들은 보통 성경을 알고는 있으나 적용하지는 않는 사람들에 의해 저질러진다.

진리는 열정이어야 한다. 그저 완수해야 할 임무 정도로 봐서는 안 된다. 우리가 주목해야 할 것은 결국 우리가 생각하고 있는 것이다.

8. 교회를 사랑하라

그리스도께서는 교회를 사랑하시고 위하여 자신을 주시기까지 하셨다.(엡 5 : 25) 우리는 그보다 못해야만 하는가?

교회라고 하면 보통 구조, 모임, 임원, 문화, 그리고 성장을 말하고, 또는 그것들의 결핍에 대해서 말하기도 한다. 그러나 교회란 여러분과 나 같은 사람이다. 은사와 기술을 가지고 있고, 잘못과 실패를 저지르곤 하는 사람들의 모임인 것이다.

모든 관계는 세 가지 단계를 거치는 경향이 있다. 첫 번째, 우리가 하나님 그분보다 더 멋있어 보이는 겉치레적인 단계가 있다. 두 번째 단계는 서로에 대한 환멸로 나타난다. 세 번째는, 물러나 버리거나 아니면 그 환멸감 속에서 서로 우리가 받은 직분을 재확인하는 것 둘 중에 하나다. 사랑—

하나님의 사랑은 우리로 어려운 시기를 통과하게 하신다.

참 자주 들어온 말이지만, 완벽한 교회는 없다. 하지만 찾게 되면 망치게 될 테니까 동참하지 말라!

영민한 설교자 토리(R.A. Torrey)는 언젠가 이렇게 단언했다. "하나님의 말씀만 있다고 해서 독선적이고 잘난 사람을 깨뜨릴 수는 없다. 당신이 그 사람을 하나님의 전으로 데리고 와야 할 것이다." 하나님의 전이란 그분의 몸―바로 교회에서 찾을 수 있다.

미국의 짐 사이멀러(Jim Cymala)는 이렇게 말했다. "기독교 교회는 훌륭한 설교에 의해서가 아니라 기도회에 의해 태어났다." 교회의 기도 모임을 말하는 것이다.

토리는 그리스도의 임재가 그의 백성들 사이에 있다는 것을 처음으로 밝힌 사람이다. 그것은 물론 피조물의 아름다움에서 찾아볼 수 있겠지만, 그분의 사랑과 연민, 그리고 강하면서도 온유한 진리가 그의 백성들 사이에서 보여지고 체험된다는 것이다. 훌륭한 설교는 한 사람에 의해서 집약될 수 있는 반면 기도 모임은 많은 사람들을 포함한다는 것만큼, 짐 사이멀러의 말은 중요하다.

교회에 대한 나의 유쾌하고도 또는 분개한 말들에도 불구하고, 나는 언제나 교회를 사랑해 왔다. 나의 빈정거림과 누구는 격발이라고도 할지 모를 말들은 잘못된 주교나 시대에 뒤떨어진 구조, 방종한 집단적 행동, 그리고 성경과 진리, 그리고 잃어버린 자들에 대한 열정의 결핍 등과 더욱 관계가 있다. 비극적인 것은 그런 구조 속에 있는 사람들이 실망하여 성경에서 떨어져 나간다는 것이다. 하지만 우리가 사람들을 사랑하지 않는다면 우리는 그리스도와 조화될 수 없는 것이다.

나를 믿어 주었으면 좋겠다. 나는 교회가 여러분에게 상처를 줄 수 있음을 안다. 나도 몇 번이고 상처를 입어 왔다. 25년간을 전임 목사로 섬겨 온 그 모든 시간들이 다 행복한 추억들만으로 차 있는 것이 아니다. 나는 배반당하고, 속고, 해고당하고, 비평도 수도 없이 들었으며 사취 당했다. 그러나 그리스도의 사랑은 모든 이해를 초월하시는 동시에 모든 오해도 또한 초월하심을 알게 되었다!

나의 전 비서들 중 한 명에게 딸이 있었는데 그녀는 한 잘생긴 젊은이와 결혼하게 되었다. 문제가 생겼고, 다른 여자가 개입되었다. 하지만 그 딸은 깨져 버린 결혼의 부끄러움에도 불구하고 꿋꿋이 견디었다. 그 남편은 신앙을 저버렸으나 그녀는 계속 교회에 머물러 있었다. 최근에, 주일 저녁 모임이 끝나고 나는, '두 번째 기회를 허락하시는 하나님'이라는 말로, 다시 시작하기 원하는 사람들에게 호소하고 있었다. 나는 그때 정말로 충격을 받았는데, 그 전 비서의 딸과 그 남편이 모임에 나왔을 뿐만 아니라, 내가 호소를 끝내는 바로 앞줄에 앉아 둘이 모두 눈물을 흘리고 있었다. 나는 무슨 말을 해야 할지 몰라서, 강단을 내려와 그에게 가서 그냥 안아 주기만 했다. 그는 어린아이처럼 울었다. 그는 거의 발작을 하는 듯 싶었다. 내가 이미 말했듯이, 사랑은 감정보다 더한 것이지만 만져 주거나 포옹해 주는 것은 우리가 말로 할 수 있는 것보다 더 많은 말을 웅변해 준다. 그의 반응은 나로 하여금 교회를 조금 더 사랑할 수 있게 해 주었다. 나는 우리의 변덕과 고집불통에도 불구하고, 우리 모두를 위한 그리스도의 사랑을 이해하는 데 도움을 받았다. 나는 이것이 나와는 거의 관계가 없음을 고백한다 - 이것은 하나님 없이는 이기적이고 자기만 아는 우리들을 향하신 그분의 은혜와 인자하심만을 나타내시는 성령의 열매이다.

9. 각자의 책임을 맡으라

생전 가져 보지 못했던 것을 가지게 되면 우리는 생전 해 보지 못했던 일에 책임을 느끼게 된다. 나는 종종 주님께, 당신께서 사람들을 보는 방법대로 나도 보게 해 달라고 간구해 왔다. 그리고 주님께서 그렇게 하신 것을 알았고 그 후로 내가 해보지 않았던 것에 대해서 책임감을 갖게 되었다.

2,3년 전에 나는 주님께 런던 남서부에 있는 우리 마을 사람들을 당신이 보시는 방법으로 나도 그들을 보게 해 달라고 구했다. 나는 하나님의 영에 의해서 그것이 좀 힘들 거라는 것을 알게 되었다. 왜냐하면 나는 그 사람들을 아예 본 적도 없었기 때문이다 - 나는 지역 계획 모임, 국가적인 계획 모임, 크고 작은 집회, 비디오와 설교 카세트 만들기, 책쓰기와 이미 구원받은 사람들의 상담 건 등으로 항상 바

빴다. 휴가 시간은 얼마 안 되는 중요한 친구들과 커플들 (그 모두가 이미 그리스도인들이었다)과 보냈다.

그래서 나는 초대를 사절하기 시작했다. 몇 해 전이었으면 성공을 2나타내는 징표로 여겼을 그런 초대들이었다. 나는 미국, 남아프리카, 말레이시아, 오스트레일리아 등지의 교회와 집회로 날 초대하는 국제적인 인물들의 초대를 정중히 거절하기 위해 노력했다. 무엇 때문이었는가? 내 이웃을 더 잘 알기 위해서였다. 내 이웃을 위해 개인적인 책임을 떠맡아야 했다. 내가 안했으면 누가 했겠는가? 나는 시간을 들여가며 길을 따라 내려가면서, 각 가정들을 위해 기도하며 주님께서 그들을 보는 식으로 보려고 했다. 아내와 나는 이웃들을 초대해 저녁과 차를 대접했다. 그들이 단순히 우리가 믿는 종교에 관심을 가져 주기를 기대하기보다는 그들의 삶에 관심을 가졌다. 약 2년 후에 나는 다시 인간사로 되돌아 온 것 같은 기쁨을 느꼈다!

우리들 중 몇몇은 지역 교회에 대해 책임을 맡아야 할 필요가 있다. 우리가 위임받지 못했기에 그곳은 위임받은 사역자들이 부족하다. 우리가 사랑하지 않기에 그곳은 사랑이 부족하다. 우리가 돌보지 않기 때문에 돌봄이 없는 것이다. 우리가 잃어버린 영혼들에 대해 염려를 표시하지 않기 때문에 그들도 똑같은 염려를 결여하고 있다.

무관심은 진리에 의해 극복된다.

전통은 순종에 의해 극복된다.

두려움은 사랑에 의해 극복된다.

미래로 가는 길은 바로 여기서 시작된다.

1800년대 중반, 한 스코틀랜드 목회자가 사임을 권유받았다. 교회가 성장하지 않고 그리스도의 명령에 순종하는 자들이 거의 없었다. 결국 그는 직업도, 적절한 소득도 없이 집으로 돌아왔다.

집에서 그는 경제적인 어려움에도 불구하고 로버트라는 이름의 젊은이를 돌보아 주었다. 수년이 지난 후, 로버트는 한 영국 대학교에서 강연을 하고 있었다. "나는 전혀 복음이라곤 들어본 적이 없는 수많은 아프리카 마을을 보았습니다. 누군가가 반드시 가야 합니다"하고 그는 설교했다. 그 모임에 데이빗 리빙스턴(David Livingstone)이라는 사람이 있었다. "제가 가겠습니다"라고 그는 대답했다.

그 로버트는 현재 해외 선교의 아버지라 불리우는 로버트 모팻(Robert Moffatt)이었다. 그는 성경을 여러 가지 언어로 번역했다.

그 목회자는 자신의 은사의 부족을 다른 사람과 비교해 보면서 적의를 갖고 분노했을 수도 있었다. 그리고 교회 당국의 엄하고 무자비한 태도에 적대적으로 반응할 수도 있었을 것이다. 하지만 그 대신 그는 돌봄과 사랑을 실천해 나갔고 자신의 손에 있는 개인적인 책임을 감수했던 것이다. 그 결과, 로버트 모팻의 제자화 운동으로 그는 열방과 수백 명의 사람들에게 복음을 전할 수 있었다.

데이빗 리빙스턴이 살아 있었을 때는 관심을 가진 사람이 거의 없었으나, 그가 죽었을 때 왕은 그의 유해를 배에 실어 가지고 와서 웨스트민스터 사원에 매장할 것을 요청했다. 시신이 아프리카를 떠나기 전날 밤, 그의 충성된 추종자였던 사람들은 그의 심장을 꺼내 그가 속해 있었던 아프리카의 흙 속에 묻었다.

한 무명의 스코틀랜드 목사와 로버트라는 이름의 젊은이. 그리 강한 감동을 줄 것 같지 않은 이름들이었다.

현재를 살고 있는 사람들에게 눈치 채지 않는 활동은 그럼에도 불구, 생명책을 가지고 계시는 분에게는 알려질 것이다.

지금의 상황이 어떻든 간에, 우리는 우리 '안에서' 일어나고 있는 일들이 우리'에게' 일어나는 일들보다 더 중요하다는 것을 이해해야만 한다. 그것은 현재에 영향을 미치고 또한 미래에도 지대한 영향을 끼친다.

7. 미 래

하나님의 교회를 책임지고 있을 때는 주의하라. 많은
사람들이 노력했으나 부상당해 쓰러졌다.

데스몬드 투투 대주교

미래를 보자

하나님과 동행하며 미래를 볼 때, 몇 가지 점이 명확해진
다.

1. 우리는 이 세계를 위해 하나님의 비전을 품어야 한다.

그분은 이 우주를 버리지 않으셨다. 그리고 지구 위 민족
들에게 향하신 위임은 그 아들 예수 그리스도 안에서 완전
히 나타나신 바 되었다. 예수님께서 가장 사랑하셨던 제자
요한은 '하나님이 그 아들을 세상에 보내신 것은 세상을 심
판하려 하심이 아니요 저로 말미암아 세상이 구원을 받게
하려 하심이라'(요 3 : 17)라고 했다. 성경에 뿌리를 두고 성
령으로 자라나는 그 비전은 이 20세기 삶의 신화와 동화,
망상의 한가운데에서 확실히 정립되어야 한다. 그러므로 우

리는 하나님께 신선한 비전을 주시고 그것을 감싸안을 수 있도록 도움을 구하든지, 혹은 우리를 끊임없이 침범해 오는 활동과 쾌락, 그리고 약속이라는 대규모의 안개 속에서 길을 잃을 수도 있는 우리의 비전을 날카롭게 해 달라고 간구해야 한다.

미래가 있는 사람이 되기를 바란다면, 우리는 그 미래에 대한 비전이 있어야 한다.

2. 사역을 진행할 준비가 되어 있어야 한다.

이것이 바로 방랑자와 순례자의 차이점이다. 방랑자들이 단순히 이곳에서 저곳으로 떠돌며 여행하는 반면 순례자들은 목적 있는 여행을 한다. 여기에는 희생과 인내, 약간의 집착도 요구된다. 방랑자들은 아무 목적지도 갖지 않고 생존 외에는 아무것도 기대하지 않으면서 그것으로 족하다. 예수 그리스도는 사역을 위한 우리의 모델이 되신다. 이것이 우리의 집과 우리가 살고 있는 영역의 연대 조직 안에서, 주님을 아는 사람들과 아직 그분을 모르는 사람들과 함께 완수된다. 이것은 지리적 혹은 아이들이나 청년, 실직자들이나 사업가들 같은 특별한 모임에서 뿌리내릴 수 있다. 사역은 하늘의 비선이 완수될 수 있는 도구이다.

3. 희생을 치러야 한다.

야망이 성취물로 바뀌기 위해서는 값을 치른다는 요소를 생각해 보아야 할 것이다. 이것은 삶의 모든 면에 있어 사실이며, 기독교 사회에서도 별반 다르지 않다. 아이들을 갖는 것의 값은 희생과 실망도 포함된다. 믿음의 값은 고통 없는 환타지보다는 현실의 고통을 품는 것이다. 우리의 전체 삶을 통해 그리스도와 동행하는 것의 값을 우리가 완전히 이해는 하지 못할지라도 그분은 날마다 은혜를 내려 주신다.

희생을 치르는 것은 우리로 하여금 인생에서 마주치는 적에 대항할 준비를 하게 해 준다.

4. 적과 대면해야만 한다.

뭔가 가치 있는 것은 반대를 받게 된다. 다른 것을 생각하는 것은 어리석은 짓이다. 최선(最善)의 원수는 차선(次善)이다. 빛의 원수는 어둠이다. 창조의 원수는 모방이다. 대부분의 사람들에게 있어 에너지를 가득 보충하고 격려를 받으며 전쟁에 대비해 자신을 무장시킬 수 있도록 잠시 후퇴할 장소가 있다는 것에 대하여 하나님께 감사드린다.

반대자를 마주하는 것은 우리에게 사랑의 능력과 섬김, 믿음과 진리를 가르쳐 줄 것이다. 또한 앞으로 올 세대를 준비하도록 해 준다.

5. 현재를 살며 활동하자.

너무 많은 사람들이 어깨 너머로 힘을 쇠약하게 만드는 과거를 뒤돌아보거나, 더 나은 미래를 동경하여 소망한다. 하지만 현재 우리가 취하는 행동이, 과거가 우리에게 얼마나 영향을 미칠 것이며 또 얼마나 많은 미래의 꿈들이 현실화될 것인가를 결정해 줄 것이다.

향수나 낭만주의는 우리에게서 의미 있고 영향력 있으며 목적의식 있는 삶이 있는 미래를 빼앗아 간다. 이 개인주의의 시대에 우리는 그리스도의 몸, 교제, 그리고 관계의 본질을 이해하는 것이 중요하다. 우리 힘만으로는 이 비전을 실현하고 사역을 완수할 수 없을 듯 하다. 가치 있고 잘 알려진 성경 안의 모든 인물들은 이것이 사실임을 알았다. 구원은 값없이 주어지는 것이다―그것을 얻기 위해 우리가 할 수 있는 일은 없다. 하지만 획득해야 할 상이 있으며, 그것은 바로 여기에서 지금 노력과 에너지를 요구한다.

미래는 어떠할 것인가?

이제 미래는 얼마나 남았는가?

한 과학 저널 최근호에는, 지구가 무더기로 몰려오는 소행성과 부딪혀 막대한 손해를 내고, 어쩌면 궤도를 이탈해 버릴지도 모른다는 내용이 있다. 점검을 잘 하지 않은 핵무기 공장이 많다든지, 지구상의 삶을 사실상 불가능하게 만드는, 이쪽 저쪽 엇갈려 하늘을 나는 탄두 등을 보면 종말은 전혀 다른 방법으로 진행될 수도 있을 것 같다. 개인의 야망과 쾌락 증후군을 만족시키기 위해 끊임없이 증가하는 광란 속에서 종말은 지구 환경오염과 자원 고갈로 더욱 가속화될 것이다.

하지만 우리 모두를 위해, 그 질문에는 다소 무디게 답을 만들 수도 있다. 우리 각자는 세계 전쟁이나 오염, 외계인의 활동이나 질병에 상관없이 죽을 것이다.

모든 독자들이 10년이건 50년이건 더 살아갈 것이다. 그러나 우리가 확신할 수 있는 것 한 가지는, 우리는 반드시 죽는다는 것이다. 중요한 건 앞으로 얼마나 많은 미래가 남았느냐 하는 것이다.

여기서 잠시 동안

그리스도인이든 아니든 모든 과학자들은, 우리가 매우 오래된 우주에 살고 있다는 것에는 동의한다. 우리는 오래된 태양계의 한 부분이며, 우리가 사는 지구라는 혹성은 수백만 년이 된 것이다. 한 과학자는 제안하기를, 지구의 나이를 가령 템즈 강변에 있는 '클레오파트라의 바늘'[3] 같은 유적의 높이에 비유하고, 사람이 지구에 살았던 시간을 그 옆에 놓고 비교해 본다고 하면 그 옆에 동전을 하나 놓으면 된다고 한다. 이 지구와 태양계, 우주의 나이에 기초를 두고 보았을 때, 우리는 단지 '순간'을 살아온 것이다.

사도 바울은 시간에 대해서 훌륭한 식견을 가지고 있었

---

3) 클레오파트라의 바늘(Cleopatra's Needle) : 기원전 1500년 경 이집트의 Heliopolis에 세워진 두 개의 오벨리스크 중의 하나. 지금은 런던의 템즈 강변과 뉴욕 시의 센트럴 파크에 있음.

다. 구타와 투옥, 익사할 뻔하기도 한 것과 파선, 허기와 목마름의 시간들을 다 보낸 후에 그는 그것들을 '잠시 받는 환난···'(고후 4 : 17)이라고 불렀다. 그는 자신의 생을 '잠시'라고 여겼던 것이다.

아마 바울의 '잠시'는 그의 모든 성공과 실패들을 앞으로의 비전으로 끌어넣었을 것이다. 그것이 그의 현재 세계관을 형성하였고 마침내 그의 미래를 결정지은 것이다.

우리의 비전과 사역을 완수하지 못하게 방해하는 많은 것들이 있다. 요약을 하자면, 나는 그것들을 방향전환(diversions)이라고 부르면 될 것 같다.

방향전환에는 합법적인 것과 비합법적인 것의 두 가지 종류가 있다. 그러나 그것들 모두 방향전환이라는 건 사실이다!

만일 내가 한 집회에서 설교를 하고, 다음에 오후 7시 30분에 시작하는 한 모임을 위해 두 시간이 걸리는 여행을 하려고 오후 5시에 출발한다고 하면 그것은 이치에 맞는 얘기다. 만약 5시에 떠나서 가는 길에 은행을 턴다면, 우리는 그것을 기독교인 지도자로서는 정말 비합법적인 방향전환이라고 거리낌없이 말할 수 있을 것이다! 하지만 마찬가지로, 가는 길에 세 코스로 나오는 성식을 먹으러 갔다고 하자—그 자체로는 불법이거나 비합법적인 것이 전혀 아니다. 그래도 그건 방향전환임에는 틀림이 없다. 그것 때문에 나는 시간에 맞게 도착하지 못하고 결국 내 사역을 다하지 못할 것이다. 원수는 우리가 나아가는 방향을 돌리고 싶어한다. 신실하고 열정적이긴 하지만, 자신들이 나아가는 방향이 바뀌었다는 사실을 깨닫지 못하고 좌절한 사람들을 나는 너무나 많이 알고 있다.

의기소침은 중요한 방향전환이다. 나는 우리 파이오니어 교회 연합이 잃어버린 영혼들에게 손을 뻗는 데 얼마나 무기력했었나를 깨달으면 참 의기소침해진다. 너무나 자주 우리는 목회와 돌보는 문제로 돌아와 버리는데, 그것은 필수적이기는 하지만 개심하지 못한 사람들과 관계를 맺는 것을 방해할 수가 있는 것이다. 그들이 그리스도의 제자가 되었는가는 상관하지도 않는다.

우리를 낙담하게 만드는 것들이 많다. 그 때가 바로 우리가 단기, 장기간의 방향전환을 하기 쉬운 때이다. 합법적이건 비합법적이건 그것들은 방향이 바뀌는 것임은 틀림없으며, 우리의 미래와 다른 이들의 미래에까지도 영향을 미칠 것이다.

당신은 뭘 압니까?

그러면 미래는 집이나 해외를 막론하고 우리 주위의 운명과 어둠에 의해 결정되어서는 안 된다. 그 어둠은 우리의 마음을 약하게 하고, 우리의 생각을 이 지구상에서의 미래는 제한되어 있다('잠시'라는)는 사실에 집중하게 한다. 우리는 그리스도의 죽으심과 부활을 통하여 그 어둠 안에 빛을 발할 사명을 받아 왔다. 하나님의 사랑이 사망의 공포를 극복한다. 우리는 '잠시'뿐인 우리 인생이 하나님 보실 때 의미 없고 자격 없을 것이라는 생각에 두려워할 필요가 없다. 그러므로 방향 전환할 필요도 없으나, 만약 그렇게 될 때는 마음의 변화가 방향의 변화로 이끌 것이며, 그때 우리는 하나님의 은혜와 자비 안으로 돌아와 있는 자신을 발견하게 된다. '이것이 정로(正路)니 너희는 이리로 행하라'(사 30 : 21)라는 말씀도 있지 않은가.

사도 바울은 '우리가 부분적으로 알고 부분적으로 예언하니'(고전 13 : 9)라고 확실히 했다. 그것은 우리의 과거와 미래도 포함한다. 우리는 얼마나 살게 될지 모른다. 또 10, 20년 안에 정치적으로, 문화적으로 혹은 상관적으로 어떤 위치에 있게 될지 모른다. 중요한 것은 우리가, 잠재적인 골칫거리들 안에서 기회를 찾는 사람들이지 잠재적인 기회들 안에서 골칫거리를 찾는 사람들은 아니라는 것이다. 그렇지 않다면 우리는 계속 낙담하게 될 것이다.

미래 시제?

낙담은 종종 침체로 이어진다. 침체는 우리를 다른 사람과 비교하게 만들고, 결국 자기 연민과 분노, 적개심을 갖도록 하는 것이다. 많은 사람들이 적개심을 가지고 있으나 모르고 있다. 적개심은 어느 날 아침 일어나 보았더니 딱 생겨 있는 것이 아니다—그것은 낙담과 함께 시작해서 마음속에 꽉 거머쥔 주먹으로 끝을 보고 마는 진행 과정인 것이다.

사울왕은 시작은 정말 좋았으나 결국은 자살하려는 광란자로 끝맺고 말았다! 그는 계속 낙담했으며, 남과 자신을 항상 비교하고 자신의 위치를 악용했다. 결과적으로 자기 욕구의 충족과 자기 달성이 그의 동기가 되고 만 것이다. 그는 걸어다니는 재해 지역이 되었다.

나는 사울이 하나님과 함께 동행했더라면 어떻게 되었을까 궁금해진다. 요셉이 자만심과 우월감에 가득 차서 어리석게 미래의 비전을 나누지 않았더라면 어땠을까? 삼손이 결국 머리카락을 잘리고 마는 결과로 이끈 그 이성과의 문제를 갖고 있지 않았더라면 어땠을 것인가? 하나님은 이 큰 불순종과 죄들에 책임을 갖고 있지 않으시다. 모두가 그 한 개인 개인의 선택이었으며, 그 결과가 그들의 미래에 철저히 영향을 끼쳤다. 하나님은 은혜롭게도 그 상황에서 좋은 것들을 이끌어 내셨다. 그것이 그분께서 원래 계획하셨던 것과는 거의 관련이 없었을지라도, 그것은 하나님의 은혜와 주권에 의해서였다.

부흥이냐 파멸이냐?

성경 인물들의 삶과 그들이 했던 결정들을 볼 때, 그 결정들은 그들에게 있어 부흥인가 파멸인가를 의미했다. 이 문제는 우리들에게도 해당된다.

제 1세계(소위 선진국이라 불리는)에 사는 우리들은 부흥을 겪지 못하고 있다. 하나님은 거대한 경제적, 건강 문제들로 괴로워하는 남아메리카, 아프리카, 중국, 루마니아, 그리고 다른 많은 나라들의 수백만의 기도에 응답하셔서 성령을 부어 주셨다. 전세계적인 부흥의 물결이 진행되고 있지만, 북아메리카와 서구 유럽은 겨우 꼬리 부분에서 따라가고 있을 뿐이다.

그러나 교회의 공동적인 부흥의 서곡이라 말할 수 있는 개인적인 부흥의 열쇠가 있다. 그것이 곧 국가의 대각성 운동으로 부어져 들어갈 것이다.

부흥의 열쇠

기독교 사회학자나 통계학자, 조사자들은 모두가 부흥과 교회 성장에는 네 가지의 중요 열쇠가 있다는 데에 동의한다.

1. 친교

친교는 우정보다 더한 것이다. 우정보다 더 깊은 것이다. 신약 성경 안에서 이 친교라는 말이 쓰이는 것은 '기꺼이 주고 나누려는 것'(뉴 바이블 딕셔너리, IVF)와 관계가 있다. 이것은 다른 사람들과의 제휴라기보다는 무언가에 참여하는 것을 강조한다. 나는 그 '무언가'가, 우리를 참여할 수 있도록 초대하고 그 안에서 교제할 수 있는 그리스도의 탄생, 생애, 죽으심, 그리고 부활이라는 역사적이고도 구체적인 행동과 관계가 있다고 생각한다.

우리로 다른 사람들과의 친교로 이끌어 주는 하나님과의 교제에 참여하는 것을 의미하는 이 친교는 우리의 미래를 결정짓는 데 필수적인 요소가 될 것이다.

잔인한 독재자, 무능하고 부패한 정치가들, 붕괴되는 군주제, 어마어마한 제 3 세계의 부채, 솟구치는 범죄율, 안팎에서 나오는 위협 등등이 바로 하나님을 저버린 이 세대의 필연적인 결과이다. 브리티쉬 타임즈에 따르면, 미국은 10, 20년 안에 제 3세계 수준의 경제로 곤두박질할 것이라고 한다. 이 예상은 쉽게 바뀌지 않을 것이며, 아마도 6조 달러나 되는 빚더미에 올라앉을 것이라고 한다.

좀더 우리 생활과 가까운 예를 살펴보자면, 많은 사람들이 거리를 걸으며 불안감을 느낀다. 집안은 강도들의 습격을 받았고, 그것은 차도 마찬가지이다. 영국에서는 심지어 여성뿐만 아니라 남성들까지도 기차 안에서, 공원에서 강도를 만나고 강간을 당한다고 한다! 이후 10년 내외로 3천, 4천만에 상당하는 사람들이 결국 HIV 양성 반응을 보이게 될 것이라는 말이 사실이라면, 우리 모두는 에이즈 양성 반응자를 누구든 한 명씩은 알고 있게 될 것이다.

방금 말한 각본이 주는 압박에서 탈출할 수가 있다면 우리는 정말 감사해야 할 것이다. 하지만 우리는 그런 탈출을 감행하지 못한 수많은 사람들에 의해 둘러싸이게 될 것이다. 그리스도에게로 나아 오는 사람들은 모두가, 내가 맞서 싸울 거리로 제시한 그 각본에 못지 않은 고유의 중대한 문제나 이야기를 가지고 나오게 될 것이다. 많은 이들이 그것과 싸우지 않고, 세계 여러 지역의 자살율은 끊임없는 증가 추세이다. 이것은 감옥과 소년원에 있는 이들도 포함되고, 공급 과잉으로 해고된 노동자나 파산한 이들도 적지 않다.

우리 생활에 성경과 성령의 임재를 하나님께 감사해야 하는 것에 대해, 나는 공손히 말하고 싶다. 그것들만으로는 우리가 필요로 하는 도움을 주기에 불충분하고 부적격하다. 그것이 바로 우리가 그리스도께로 회심했을 때 '교회'라고 불리는 그분의 몸으로 들어가는 이유인 것이다. 그리스도인들의 교제는 격려와 확신을 준다. 그것은 운명적이고 우울한 각본으로부터 우리를 자유롭게 해 주는 신선한 시각을 제공해 주며, 그 어둠에 우리의 빛을 비추게끔 준비시키는 것이다.

교제는 우리가 이 일에 있어 혼자가 아니라는 것을 이해하는 데 도움을 준다. 우리는 세상 만사와 우리가 관계하고 있는 일부분을 우리 혼자 힘으로 끌고 나갈 의무는 없다. 교제는 우리에게 선택권을 주고, 우리 자신의 관점에 대해 잠자코 있지 않게 해 준다. 교제는 우리로 하여금 사랑하고 신뢰하는 사람들과 함께 웃고, 먹고 마실 수 있게 해 준다. 그것으로 에너지를 충전하고 하나님 나라의 유용한 요원으로 설 준비를 하게 만드는 것이다. 웃음은 두려움을 없앤다.

사람들은 보통 다음 두 가지—(a) 그들이 만들어 내는 문제 혹은 (b) 그들이 해결하는 문제 중의 한 쪽으로 기억되기 마련이다.

끊임없이 문제를 만들어 내는 사람들은 교제 안에 있지 않고 십중팔구 상처를 입는다. 상처받은 사람들은 더 많은 사람들에게 상처를 입힌다. 하지만 문제를 해결하는 사람들은 보통 교제 안에 있으며 다른 사람들과 협력하는 것이다.

만일 엉뚱한 일로부터 구제 받으려고 한다면, 우리는 반드시 그리스도께서 위임하신 사역을 재확인해 보아야 한다. 그것은 인간적인 관계―특히 믿음의 가족 구성원들과의 관계도 포함하는 것이다.

얼마 전에 나는 전국적인 크리스천 잡지사에 편지를 보내서, 내가 교회에 나가지 않는 저명한 교회 지도자들의 명단을 가지고 있으니 그 이름들이 잡지에 게재되어야 할 것이라고 말했다. 그들은 거절했다. 내가 편집장을 아는 바로는, 그는 아마 그것이 농담인 줄 생각했을 것이다. 그가 동의했다 해도 나는 그 명단을 제공해 주었을지 확신이 서지 않는다. 하지만 교회를 나가지 않으면서 책을 쓰고 테이프를 만들고 TV에 나오곤 하는 크리스천 지도자가 있다는 것, 그 점에서 본다면 자신들이 돌봐야 할 사람들과의 교제가 없는 지도자를 갖고 있다는 것은 내게 참 중대한 문제로 다가온다. 그들은 도전을 받지도 않고, 아마 도움을 받지도 못할 것이다.

하나님께서는 우정과 교제를 나누게끔 우리를 창조하셨

다. 그런 반면 원수는 우리를 항상 고립시키려고 한다. 이것의 결과는 이 세상에서 커다란 사회문제로 나타났다. 극단적인 감정적 미성숙함이 성인들의 생활 방식으로서 행세하기 시작한 것이다. 그러나 하나님과 함께 하는 위대한 일은, 우리가 그 동안 어디 있었는가가 중요한 게 아니라 바로 우리가 어디로 가고 있는가를 아는 것이 더욱 중요한 것이다. 혼자 가는 것은 하나님의 의도하심이 아니며 그분의 계획에도 전혀 없는 일이다. 관계를 가지고 친교를 나누는 법을 배우지 않는다면 우리는 우리가 받은 구원을 본질조차 이해하는 데 실패할 것이다.

하나님이 보시기에, 교제 안에서의 신실함은 목회에서의 성공을 앞서는 것이다. 우리는 기독교를 교회와 분리할 수 없다. 그 사이의 매개체는 말씀이다.

교제, 우정, 파트너쉽, 협동과 연대감, 그리고 목적의식—이 모든 것들이 유용함과 부흥까지도 담고 있는 미래로 가는 중요한 열쇠를 만들어 줄 것이다.

2. 경배와 기도

우리가 무엇에 집중하는가가 우리의 미래를 결정한다. 몇몇은 서로를 괴롭히고 불평하며, 교회의 자격 없음과 결함을 지적하고 불만의 씨를 마구 뿌린다. 그것이 사람들의 미래를 결정지을 것이다. 우리 모두는 불평할 이유를 가지고 있으나, 그 불만의 씨는 과정이 수반하는 것이다.

그리스도에 집중하는 것은 예배와 기도를 포함한다.

예배는 하나님만 기쁘시게 하는 것이 아니다. 하나님은 부족한 것이 없으시므로 우리의 예배를 필요로 하지 않으신다는 생각도 있다. 그분은 외롭지도, 지루하지도 않으시며, 우리가 당신을 경배해야만 한다고 마구잡이의 요구를 하지도 않으신다. 그분은 자비와 겸손의 하나님이시다. 심지어 당신을 심히 취급하는 자들에게까지도 그렇게 하신다.

그렇다! 예배는 무엇보다도 우리를 위한 것이다! 음악이 연주되면 그것은 우리 생각을 새롭게 만들어 주고 우리 마음을 따뜻하게 하며, 모든 것들을 신선한 관점에서 다시 보도록 해 준다. 천국과 우리를 만나게 해 주는 다리의 역할을 하는 것이다.

예배는 근본적으로는 음악에 실은 기도이다. 경배—가사와 음악 속에서 느끼는 연대감이라는 느낌—는 우리 마음을 정하게 하고 생각의 초점을 맞추며 인간관계를 자라게 하는 필수적인 열쇠이다. 시편을 읽어보면, 기자들이 하나님을 노래할 때 서로 노래부르며, 창조물을 노래부르고, 원수에 대해서까지도 노래했다는 것을 분명히 알 수 있다. 이것은 우리가 교회에서 자주 체험하는 것과는 훨씬 넓은 범위의 시각이었다.

언약의 자녀들로서 우리는 많은 언약을 받았다. 이것들은 앞으로 올 세상과 우리의 영원한 상급에 관한 것으로 성경을 통하여 주어진다. 그러나 예언자적 사역이 증가하고 있으므로 약속들 또한 지금 현재, 그리고 그리 멀지 않은 미래와 관련된 많은 언약들이 주어지고 있다. 하지만 성경을 읽어보면, 하나님께서 '젖과 꿀이 흐르는 땅'을 약속하실 때는 반드시 우리를 광야로 이끄셔서 고난을 체험하게 하시는 것 같다. 이 두 가지의 중요한 열쇠—교제와 경배의 시간이 귀하고 중요해지는 때가 바로 그런 때이다.

만일 교제와 연대함, 목적의식이 감정적인 지지대를 제공해 주고 중요성을 준다면, 예배는 하나님께서 우리를 혼자 남겨 두지 않으셨다는 것을 떠올리게 해 준다. 성경 말씀은 하나님의 신실하심을 기억하게 해 주는 것이다.

나는 어떤 모임에서 아주 자신을 잊어버리고 찬양에 푹 빠져 있는 위험한 상태의 사람들을 생각해 본다. 길고 긴 찬양의 시간, '우리가 교회 안에서 해야 하는 일이니까'라는 이유 때문에 이끌어지는 그 시간은 사실 찬양의 가치를 감소시키는 것이다. 종종, 기름부음이나 목적이 그리 잘 나타나지 않고 길기만 한 찬양 집회에 앉아 있을 때면, 나는 이런 구절이 생각난다. "그들은 찬송을 부른 후엔 나가 버리지요!" 누가 이런 모임에 참여하고 싶어하겠는가?

그러나 비전과 사역이 교제에 의해 영양분을 얻고 기름부음 받은, 찬양의 분위기 안에서 지탱된다는 것에는 의심할 여지가 없다. 보수 복음주의자들은 기름부음에 관해서는 거의 얘기조차 하지 않는다. 그것은 주로 구약의 선지자나 왕들에게만 국한된 것이었다. 그러나 확실한 것은, 신선한 비전과 부흥과 각성이 있는 곳에는 찬양이 중요한 해결책

의 역할을 한다는 것이다. 그것은 아프리카나 남아메리카,
감사하게도 서방 국가들 중 일부분 중 어디라도 마찬가지
이다. 찬양에는 임재가 있다. 기름부음이 있다—그것으로
인하여 믿음은 자라고 비전은 초점이 맞춰지며, 인생의 고
난을 한 걸음 멀리서 바라볼 수 있게 되는 것이다.

파이오니어 교회 연합에 있는, 교회를 이끌고 있거나 훈
련받고 있는 꽤 젊은 사람들 몇몇이 나와 함께 여행할 수
있는지 묻는 것은 별로 유별난 일이 아니다. 어떤 때는 영
국 안에서 그저 며칠 갔다 오는 것일 수도 있고, 해외 여행
이 되기도 한다. 또 다른 경우는, 단순히 모임에 나가고 들
어오는 한두 시간 자동차를 함께 타는 도중에 얘기를 나누
고 교제를 쌓기도 한다. 그럼으로써 그들은 내가 어떻게 하
는가를 지켜볼 수 있고 또 내 경험에서 뭔가를 배울 수도
있는 것이다.

언젠가 나는 우리 교회 젊은이 한 명과 잉글랜드 북쪽을
함께 여행했는데, 그쪽 지방의 한두 도시에서 설교를 하기
위해서였다. 어느 날 아침 일찍 나는 크게 방언으로 찬양하
는 소리에 잠이 깨었다! 무슨 일이 일어난 건지 궁금해서
나는 침실 창문 밖으로 머리를 내밀고, 곧 누군가가 샤워를
하면서 하나님께 찬양하고 있음을 깨달았다. 그리스도인 가
정에 묵고 있긴 했으나 나는 순간 당황했다. 그것도, 두어
시간 안에 주일 아침 모임에 나가야 한다는 사실에도 불구
하고 말이었다. 집 주인 양반이 곧 내게 커피를 가져왔으므

로 그분이 샤워장에 있던 범인이 아닌 건 분명했다. 그분은
또, 아내가 빨리 일어나 아침 식사를 준비해야 할 텐데 라
고 말했으므로 그녀도 용의자 선상에서 제외되었다. 나와
함께 온 그 젊은이가 틀림없었다!

우리는 모임에 함께 참석하고 다른 곳으로 계속 옮겨갔
다. 그 밤에 우리는 또 다른 가정에 묵었고 나는 또 그가 방
언 기도하는 것을 듣게 되었다. 사람들이 모두 잠든 시간이
란 것을 알았는지 이번에는 조금 더 조용했다. 그러나 다음
날 아침, 정확히 같은 일이 되풀이되었다. 커다랗게 방언 찬
양을 하는 소리가 들려 왔다.

그것은 내게 너무나 큰 도전이 되었다. 나는 찬양을 좋아
한다. 하지만 그 주 동안, 함께 하는 예배자로서는 훌륭했을
지 모르나, 좀더 개인적인 예배의 면은 그 동안 잃어버리고
있었다는 것을 깨달은 것이다. 나는 우리집 정원을 산책하
며 찬양하거나, 들판이나 숲에서 하나님을 높이기 위해, 그
분을 송축하고 더 신선한 전망을 얻기 위해 차를 몰고 가까
운 길을 달려가곤 하던 때를 기억해 보았다. 그 주를 통해
서 나는 개인적인 예배에 신경을 써야 할 필요를 강하게 느
끼게 되었다. 함께 하는 찬양이 개인적인 예배와 매한가지
로 똑같은 것임을 배웠다. 물론 예외가 있다 : 일상사에 짓
눌려 지친 사람들은 함께 예배하는 분위기로 나와야 한다.
천천히 압박 거리가 들어올려지고 그들 자신이 예배자로
변화되는 것이다.

여러 가지 예들로서 도전을 주고 우리로 하여금 더 나은 것들을 추구하게 하는 교제를 주신 하나님께 감사한다. 나는 그 주에 일어났던 일들로 해서 나 자신이 더 나은 예배자가 되었음을 알고 있다. 그 젊은이는 나에게서 배우려고 동행했지만 오히려 내가 그에게서 많이 배웠다.

예배와 기도는 성령 충만한 성도와 성령 충만한 교회를 만들기 위한 환경을 만들어 준다. 바울은 성령 충만하게 되는 가장 우선하는 방법 중 하나를 이렇게 분명히 밝히고 있다. '시와 찬미와 신령한 노래들로 서로 화답하며 너희의 마음으로 주께 노래하며 찬송하며' (엡 5 : 19)

3. 성령의 자유함

조나단 에드워즈는 55세에 사망했다. 페리 밀러(Perry Miller)는 그를 '이제까지 미국을 영광되게 한 가장 위대한 철학자이자 신학자'라고 불렀다. 1734년과 35년 사이에 미국에서 일어났던 대각성 운동은 그의 설교 하에서 일어났다.(더 광범위한 부흥은 1740년에서 41년 사이에 일어났다.) 조지 휫필드의 굳건한 친구로서, 에드워즈는 뉴 잉글랜드 캘빈주의자의 전통을 지켰다. 사실 그는 알미니안주의에 동요되었다고 전해진다.

캘빈주의자나 개혁론자라고 알려지는 것을 좋아하는 대부분의 교회나 교회 지도자들은 성서를 해석하는 쪽의 가르침에 강조점을 두고, '감정적인 것'—예배 중에 손뼉을 치고 춤추고 웃는다던가, 혹은 '성령 안에서 죽임 당하는 것'

등을 포함한—으로 간주되는 것은 무엇이든지 완고하게 반대한다. 그들은 그리스도와 성경을 경외함과 모든 문제에서 단정함을 강조하는 것으로 잘 알려져 있다.

그럼에도 불구하고, 목회를 해 나가면서 본 것들을 써 나갈 때 조나단 에드워즈는 이렇게 관찰했다. '사도행전에 나타난 시대가 우리에게 다시 오고 있는 것 같다. 그런 표시는 성령의 능력과 은혜로서 나타날 수 있었다.' 그는 계속해서 '놀라운 애정, 두려움, 슬픔, 욕망, 사랑, 기쁨, 눈물, 전율, 신음, 커다란 외침, 그리고 육신의 괴로움' 등등에 대해 말하고 있다. 그는 덧붙이기를 '육신의 힘이 모두 없어지는 것'까지도 보았다고 했다. '우리 모두는 하나님을 뵙고 살 수 있는 사람은 없다는 것을 인정하려고 한다. 만약 우리가 그리스도의 사랑하심과 영광을 아주 일부분이라도 본다면, 그 천상의 모습을 보게 된다면, 육신의 힘이 소멸되는 것에 무슨 의문점이 생기겠는가?'

이제 이것이 여러분이 알미니안주의자들로부터 기대할지도 모를 종류의 것이다. 알미니안주의자란 어떤 사람들인가? 그들은 종교개혁에서 참 중요한 역할을 담당했음에도 불구하고 종종 간과되곤 하며, 때때로 '급진적 개혁주의자들'이라고도 불린다. 16세기에 그들은 중세 로마 카톨릭 교회의 관습과 전통을 없애고 완전히 신약 성경의 규율에 기초한 교회를 세우기 원했다. 그들은 평화주의자들이었고, 교회와 정부의 분리를 요구했으며, 그리스도는 선택된 소수가 아닌 온 인류를 위해 죽으셨고 하나님의 구원의 은혜는 불가항력적인 것이 아니라는 사실을 강조하였다. 그러므로 그들은 그리스도인들도 은혜에서 떨어져 나올 가능성이 있다고 강력히 주장했다. 신약 성경으로 돌아가자는 그들의 주장과 성경에 대한 다소 다른 관점 속에서, 그들은 비공식적인 접근으로 미리 길을 닦아 놓음으로써 사람들은 교제와 찬양, 많은 경우에 있어서의 성령의 은사, 그리고 전체적인 생활 습관의 자유함의 정도를 훨씬 넓게 알게 되었다.

그럼으로 해서 캘빈주의자들과 알미니안주의자들 모두 부흥을 수반하는 감정적인 발현을 체험했다.

이 책을 쓸 때(1994년 여름), 미국과 캐나다, 영국, 그리고 유럽의 다른 부분에서 신기한 일련의 해프닝이 발생했다. 그것은 사람들이 모여 집회를 가지다 넘어지거나 바닥에 의식이 불분명한 채 누워 한 시간이 지나도록 그대로 있는 것 등으로 특징 지워 진다. 굉장히 큰 웃음이 눈물과 무릎 꿇기와 병행되고 사람들은 예배드리며 엎드린다. 거기에는 많은 사람들이 '천국의 맛'이라고 간주한 악마적인 과격한 발현도 있었다.

요하네스버그에 있는 레마 교회의 레이 맥컬리(Ray McCauley)와 제휴한 남아프리카인 로드니 하워드-브라운(Rodney Howard - Browne)은 1987년에 미국에 정착했다. 그는 자신의 목회 하의 '신선한 기름부음'이라고 부르는 것에 의해 알려졌다. 그것은 때때로 사람들을 격렬한 웃음이나 눈물을 터뜨리게 만들었다. 거기에는 '육신의 힘이 없어지는' 사람들도 나타났다. 그의 앞에 있는 다른 사람들처럼, 그 기름부음은 강해졌으나 곧 소멸되었다. 그는 1994년 6월에 청중들에게 말하기를, 이것은 마치 '네 살 짜리 아이에게 샷건을 준' 것과 마찬가지였다고 했다. 하지만 최근에 넓은 범위의 배경을 가지고 모여든 사람들은 그가 연 집회에서, 성령에 의해 '취했다'라고 표현될 수밖에 없는 상태로 끝이 났다. 육신의 힘이 없어지고, 모여선 사람들이 크게 웃는 동안 기쁨과 회개의 눈물에 젖은 사람들도 있었다.

툴사에서 있었던 집회 중 한 번은 그가 빈야드 리더인 랜디 클라크(Randy Clark)에게 안수했다. 랜디는 토론토 빈야드 공항 교회의 리더들이 예민하게 주었던 이 새로운 기름부음을 받고 토론토를 방문했다. 1994년 1월부터 지금 이 글을 쓰고 있는 때까지, 그들은 (월요일만 제외하고) 1주일 중 6일을 집회를 가졌다! 신선한 기름부음을 위해 기도하는 시간을 갖기 위해서였다. 거기서 거룩한 웃음과 회개의 눈물, 육신의 힘이 없어진 사람들로 특징 지워지는 시간이 있었다. 바로 옆에서 지켜본 사람에 의하면, 세계 여러 나라에서 온 수천 명의 성직자와 지도자들이 주님의 임재하심 안에서 힘을 얻었다고 한다.

하나님께서 하신 일을 높이지만 지금 역사 하시는 것은 거역하고 싶어하는 사람들이 이 시대의 가장 논쟁적인 문제들 중 하나인 '웃음'에 대해 반박하리라는 것은 의심할 여지가 없다.

개인적인 간증

토론토에서, 로드니 하워드 브라운의 집회 안에서 새로 발견된 이 자유를 알지 못하고(이제는 이 새로운 자유에 의해 수백 곳들이 영향을 받았다), 내 목회 안에서도 한 패턴이 자리를 잡아가고 있었다.

6천 명 가량의 사람들과 함께 한 1994년의 잉글랜드 스프링 하베스트에서의 훌륭한 주에도 불구하고, 나는 아무 특별한 일도 일어나지 않았음을 말해야만 하겠다. 사람들은 성령의 감동을 받았고, 몇몇의 예언이 주어졌으며 상당수가 그리스도께 왔다. 그 후에 나는 더블린으로 가서 예언자와 예언에 대한 것을 다루는 한 세미나에 참석해 설교를 했다. 그 세미나는 판명된 대로, 그들이 많은 사람들에게 말한 대로 그들이 그 주제에 대해들은 것 중 최고의 것이었다. 나는 약간 멍해졌다. 왜냐하면 나에 대한 친절한 언급에는 감사했지만, 그건 또 다른 훌륭한 이벤트일 뿐이었기 때문이다. 하지만 그날 밤, 천 명이 넘는 사람들이 회관을 가득 채웠고, 주님을 찬양하는 아름다운 시간을 가진 뒤에 나는 하나님 나라에 대한 설교를 했다. 회관 맨 앞줄에는 엄청나게 많은 사람들이 성령에 의해 움직여지고 있는 것이 눈으로도 보였다. 눈물을 흘리는 사람도 있고, 무릎을 꿇은 사람들, 그리고 두세 사람은 문자 그대로 바닥을 구르며 웃음을 터뜨리고 있었다. 나는 내려가서 회중과 함께 기도했고, 그러자 그들의 '육신의 힘이 모두 사라졌다.' 무리를 지어서 말이다!

'자, 그것이 바로 주님께서 더블린에서 하신 일이지'라고 생각하면서 나는 제네바로 갔다. 수백 명의 지도자들이, 개인과 성령에 의해 비슷한 감화를 받은 많은 이들을 위한 강력한 예언의 말들과 아주 특별한 예배와 가르침의 시간으로 밝혀진 것을 위해 그곳에 모여 있었다.

또 다른 스프링 하베스트 주로 돌아왔는데, 멋진 주이긴 했지만 그런 일들이 그곳에서는 일어나지 않았다. 뭔가 독특한 일이 일어나고 있다는 것을 인식하고 있기는 했지만, 그 4월 동안은 패턴을 아직 볼 수가 없었다.

5월에 나는 존 윔버와 연관이 있던 존 폴 잭슨과 함께 스웨덴 남부의 외레브로로 설교하러 갔다. 고백하건대, 예배는 기름부음을 받았고 우리를 이끄는 사람들에 대해 어떤 정갈함과 순수함이 있었다. 존 폴과 나의 가르침은 잘 전달된 것 같았다. 하지만 다른 무엇보다도 돋보였던 것은 강렬한 기름부음으로 일어난 일들이었다. 많은 사람들은 한 시간 가량이나 등을 평평하게 하고 있었고 교회 지도자들은 자기 두 발로 설 수도 없어 문자 그대로 손과 무릎으로 기어다녔다. 하루의 전부가 이 긴 사건으로 섞여 버림에 따라 집회를 끝내기가 불가능했다! (커피 타임을 가진 후 다시 시작되었다.)

같은 5월에 나는 남서부 런던에 있는 존 멈포드(John Mumford)의 빈야드 교회로 갔다. 학교 구내를 차를 운전하며 가는데, 햇빛도 적당하게 비치는 게 참으로 상쾌한 아침이었다. 나는 설교단에서 회중에게 찬양과 가벼운 농담을 건넸다. 따뜻함과 유머, 찬양, 그리고 기도는 설교를 쉽게 해 주었다. 끝날 때는 아주 좋은 반응이 있었다. 나는 많은 사람들을 위해 기도하고 주님이 주시는 몇몇 특별한 말씀을 전해 주었다. 나중에 존 멈포드와 점심 식사를 할 때 그는 그 일에 대해서 두드러진 반응을 보여 주었다. "우린 주일 아침에 그런 능력을 본 적이 없습니다!" 내게 있어 그것은 또 다른 좋은 집회였고 하나님께서 임재하신 것이었다. 차츰 나는 어떤 패턴이 만들어져 간다는 것을 인식하게 되었다.

그 후에 나는 가까운 친구이며 여행 동료인 노엘 리차즈와 함께 프랑크푸르트로 갔다. 그런데 노엘은 목소리가 나오지 않았다. 중요한 것은, 그가 다음주에 '용사(Warrior)'라는 새 앨범을 녹음하게 되어 있었기 때문에 그 주말에는 노래를 부르면 안 되었다는 것이다. 이 곤란을 극복하기 위해 그는 파워 앰프 시스템에 CD를 틀어, 프랑크푸르트 근교에서 이 세미나를 위해 모여든 200명의 지도자들에게 들려주었다. 대부분의 사람들은 노엘이 입만 맞추고 있다는 것을 몰랐다 - 그저 배경 음악에 따라 노래를 부르는구나 하고 생각했다. 얼마 지나지 않아 지도자들은 무릎을 꿇고 주님 앞에 엎드렸다. 어떤 사람은 울고 또 어떤 사람은 주님을 향한 경외심으로 충만해 있었다. 난 믿을 수가 없었다. 노엘은 입만 벙긋거리는데 하나님께서 축복하고 계셨다! 그 교회만이 알고 있었을 정확한 지식의 말들이 주어졌다. 그런 다음 어떤 자극도, 또 토론토의 로드니 하워드-브라운에 관한 어떤 말도 전해들은 일없이, 또 내가 사역했던 곳에서 일어났던 일도 모른 채, 몇 명의 여성도들이 바닥에 앉아 울부짖듯이 웃기 시작했다. 그들은 웃고 웃고 또 웃었다! 프랑크푸르트 교회의 주요 지도자인 뤼디 핀케(Rudi Pinke)는 나중에 말하기를, 그중 한 여자는 정말 웃을 일이 없었다고 했다. 그녀는 심한 질병에 시달렸고 시력이 급격히 나빠지고 있었던 것이다. 그것이 이 일을 더욱 신비롭게 했다.

나는 이 새로 발견된 자유가 종교적인 질서—심지어 복음주의의 질서까지도 깊이 공격하게 될 것이라는 사실에 의심하지 않는다. 성경에 나타난 때와 같이, 성령이 활동하시는 곳에는 육과 마귀 또한 활동하고 있을 것이라는 사실은 필수적인 것이다. 만약 육이 저지르는 가장 나쁜 것이 집회에서 웃는 것과 회개의 눈물을 흘리게 하는 것이라면 난 차라리 기뻐할 것이다! 하나님께서 강하게 임재하시는 곳에는 악마도 실체를 드러낼 것이라는 점도 또한 필수적이다!

조나단 에드워즈는, 종종 복음주의적 신앙을 괴롭히는 이성과 감성의 분리에 전혀 영향받지 않은 인물이라고 한다. 나는 하나님께서 당신의 교회에 새로운 자유의 성령을 주시기 원하신다고 믿기에 조나단 에드워즈의 이야기와 글들을 사용했다. 지금까지 교회는 성경에 대한 높은 관점과, 감정적인 것들은 모두 의심하고 보는 캘빈주의에 의해 깊이 영향을 받아 왔다.

최종 분석 과정에서 문제가 되는 것은 나타나는 표시가 아니라 그 열매에 있다고 나는 결론지을 수 있을 뿐이다.

내가 다시 프랑크푸르트로 날아간 것은 6월이었다. 내 동료 마틴 스코트(Martin Scott)가 주일 저녁 집회에서 설교하고 있었다. 우리 둘 다, 하나님께서 우리의 교회를 신선한 방법으로 깨뜨리기 원하신다는 것을 인식했다. 그것은 나의 자서전 '이지(理智)의 불길(An Intelligent Fire)'의 결론에 적은 1990년 5월에 우리 교회에 주어졌던 예언자적 목회의 완수가 될 것이다.

4. 잃어버린 영혼들을 향한 관심

내가 부흥에 관한 책을 읽은 것에서 볼 때, 개인의 부흥이든 단체의 부흥이든 간에 특징 중의 하나는 교회를 다니지 않는 사람들에 대한 돌봄이다.

고린도 교회에서 그랬던 것처럼, 성령의 표시나 오순절파의 이언(異言), 심지어 놀라운 기저들이라 해도 적절히 인도되지 않는다면, 신자들의 눈을 그리스도와 그분이 이루신 일에서 돌려 눈에 보이는 현상에만 집착하게끔 만들 우려가 있다. 모임은 웃음과 눈물, 바닥에 넘어진 몸들, 또는 이상한 해프닝으로 판단을 받게 될 것이다.

나는 일정한 기간을 통해 놀라운 일들이 일어나는 상황에 많이 있어 보았다. 하지만 나의 관심은, 그곳에 방종－능력만을 위해 능력 받는－이 있었다는 것이다.

　내가 조그만 역할을 하나 맡고 있었던 한 커다란 모임에서 수천 명의 사람들과 함께 있었던 것이 기억난다. 사람들이 정말로 무대 위에 무더기를 이루어 누워 있는 것을 보고 후에 두세 사람이 "무슨 능력 말입니까?"하고 절규했다. 하지만 그 누구도 "왜요?"하고 물을 용기가 없었다. 다시 말하면, "왜 이 능력이 주어지는 겁니까?"라는 질문이었다.

　우리 하나님은 목적을 가지고 계신 분이시며, 그러므로 단순히 자기 백성들을 즐겁게 하시려고 임재하시지는 않는다. 그분의 축복은 목적이 있다. 단체의 부흥으로 이어지지 않는 개인적인 부흥은 은혜이긴 하나, 하나님의 뜻하심에는 떨어지는 것이다. 단체의 부흥, 거룩한 웃음과 눈물, 육신의 힘이 없어지는 것, 그리고 성령에 취하는 것 등이 모두 성경 안에서 발견된다. 하지만 그것들은 '끊어지고 약화되며' 두드러진 색다른 경험이 되버릴 수가 있는 것이다.

　사도 요한은 요한복음 안에서 발견되어지는 잘 알려진 구절 속에서 하늘의 목적하심을 요약하고 있다. 바로 '하나님이 세상을 이처럼 사랑하사 독생자를 "주셨으니"'이다. 오늘날, 사람들이 축복과 새롭게 됨과 당연히 부흥을 '갖고' 싶어하는 환경에서, 궁극적인 의도는 다음과 같아야 한다. 우리는 그 축복을 받아 교회 안의 나머지와, 또 우리가 한

때 그랬던 것처럼 아직도 잃어버려진 채 떠도는 사람들에게 "주어야" 한다.

성경으로 돌아가라

여러분이 이 장을 읽을 때면 웃음과 눈물, 성령에 취하는 것과 그런 비슷한 현상들이 온 영국을 뒤덮게 될 것이다. 이것은 영국 국교회와 새로운 교회, 오순절 교회, 그리고 정말 모든 종류의 교회에 불어닥칠 것이다. 하지만 이런 현상들은 새로운 것은 아니다. 우리는 바울이 고린도 교회에 편지를 쓴 까닭이, 지도자들이 성령의 활동하심에 대하여 '손 놓고 있는' 시각을 가지고 있었기 때문이라는 것을 잊으면 안 된다. 그곳에는 방언과 예언, 그리고 넓은 범위의 다른 현상 등등 명확한 성령의 표시가 있었으나, 육의 악함 또한 있었다! 집회 바깥으로 나가면 부도덕한 것 투성이었다. 서로를 법정에 세우고 고소했다. 주님의 식탁을 둘러서서까지 엄청난 탐욕과 이기주의가 판쳤다. 나는 고린도 전서를 읽으면서 이렇게 혼잣말하곤 했다. "도대체 장로들은 무얼 하고 있었던 건가?" 그들은 아무 것도 하지 않았다. 그저 일이 벌어지게 놔두었으며, 하나님의 역사는 무엇이고 육과 마귀의 역사는 무엇인가에 대해 교회에 아무런 지시 사항도 주지 않았다. 이 부흥의 분위기에서 통찰력은 점점 사라지고, 사람들은 이 모든 것이 수용될 수 있다는 상상을 해 가며 차츰차츰 속아 갔다. 그러나 그게 아니었다!

그러므로 지도자들은 성령의 역사를 적절히 관리되고 있음을 확인할 책임이 있는 것이다. 이것은 무슨 뜻인가? 고린도에서 그들은 집회 중에 많은 방언을 했음에도 거의가 해석되지 않는 것들이었다. 그래서 바울은 노련하게 그 일을 처리했다. 그는 신도들로 하여금 방언 하는 것을 그만두어야 한다고 말하지는 않았다. 그러나 (무조건) 계속되도록 내버려두지도 않았던 것이다. 그는 한 집회에 세 번의 방언이면 족하다고 말했다! 그럼 그는 성령의 불을 끄고 있었던 것인가? 아니다. 그는 이 하나님의 역사를 좀더 그리스도 중심으로, 덜 제멋대로의 방법으로 관리를 했던 것이다.

그러므로 이제 지도자로서의 우리들은 성도들에게 성령의 역사는 무엇이며, 육과 마귀의 역사는 무엇인가를 설명할 역할을 가진 것이다. 단독 목회에 대한 해결책이 모든 사람이 자기 맘대로 하는 목회는 아니다. 그가 쓴 대부분의 편지에서 바울은 성령의 활동에 대한 지혜를, 그리고 성령에 대한 사람들의 반응에 주의할 필요성이 있음을 나타냈다. 지도자들조차 성도들에게 너무 빨리 안수하지 말라는 말을 들었다.

내가 안수 받기를 참 좋아하는 빌리 그래함, 라인하르트 본게, 레이 맥컬리, 숀 스토트, 마이클 그린, 로드니 하워드-브라운 같은 많은 사람들이 있다. 나는 그들이 받은 것을 원한다. 그러나 솔직히 말해서 '받은 것'을 전혀 원하지 않는다고 말할 수밖에 없는 사람들도 있다!

당신을 채우고 있는 것은 결국 빠져나오기 마련이다! 그러므로 우리는 이 일에 대해 '직접 하는' 접근이 있으며, 이것이 잘 판명되어서 현명하게 바른 길로 향해져서 자유로움이 하나님의 활동하심의 특징이 된다는 것을 의미하게 될 것이나 천국의 명령은 단기간의 전력 질주가 아닌 오랜 시간을 머물 것이라는 것을 확신하게 해 주기 때문에, 우리가 확신할 책임이 있다.

현재 많은 교회 안에서의 성령의 활동하심은 왔다갔다할 것이다. 지도자들은 성령의 자유함을 자신들의 교회 구조로 받아들일 수 없을 것이다. 그들은 단지 신선해지고 싶어하는 사람들을 위해 외의 모임을 더 만드는 정도에 그칠 것이다: 그것에 대해 하나님을 찬양하라. 그러나 그것이 우리의 구조에 영향을 미치지 못한다면 우리는 평행으로 달려가는 교회를 두 개 가지고 있게 될 것이다 – 성령과 표적과 이적, 그리고 여러 가지 현상들로 충만한 교회와, 하던 대로 그냥 사역을 수행하는 교회의 둘로 나뉠 것이다.

이제는 성령을 따르기 위해서 교회를 떠나는 사람들도 있을 것이다(이것 자체가 어마어마한 논쟁 거리의 핵심이 될 것이다). 그들은 자신의 교파를 떠나는 것이 가끔씩은 간음이나 동성애보다 더 지독한 일로 보여진다는 것을 알게 될 것이다. 교회에 들어오도록 허락을 받지 못한 성령을 따르고 싶어하는 분들이라면 그것은 아주 희생을 치러야 하는 문제이다.

하지만 성령이 개인을 충만하게 하고 그 다음에 공통적인 그리스도의 몸(지역 교회)을 신선하게 하는 곳에서 그리스도를 높이는 목회가 일어나게 될 것이고 또 그것이 잃어버린 영혼들을 찾게 될 것이다.

회개와 화해에 이어지는 죄의 인식은 하나님께서 하시는 모든 일의 가장 중요한 것이다. 그러나 이것은 기독교 사회를 위한 것만은 아니다. 우리의 죄의 행위가 의도적이든 그렇지 않든 간에 안 믿는 사람들에게 향하기가 쉽기 때문이다. 몇몇 사람들에게 있어 그것은, 민감하고 상냥한 방법이라고는 하지만 단순히 우리의 신앙을 잃어버린 자들과 나누지 않는 죄이기 때문이다.

구세군(The Salvation Army)

1992년 봄에 버밍엄에서 있었던 DAWN(Discipling A Whole Nation) 집회 동안, 주님께서는 내게 구세군에 대한 말씀을 하나 주셨다. 예전에 그 조직과 관계를 맺은 적은 한 번도 없었고, 그 안의 중요 지도자들과도 마찬가지였다. 거의 알지 못했던 필 월(Phil Wall)이 내가 유일하게 접촉한 사람이었다.

그 예언의 말씀은 구세군으로 오고 있는 새 날에 대한 것과 하나님의 입김이 그것을 휩쓰는 것을 전하여 그들은 왕족과 거리에서 자는 사람들을 모두 감동시켰다 : 그리고 하나님께서는 상황에 맞게 유니폼을 사용하는 것과 그것을 다른 사람들 사이에서는 입지 않고 지내는 것에 관한 큰 지혜를 주셨다.

모든 주요 교파로부터 온 700명의 지도자들 앞에서 내가 눈물로 예언을 하고 있을 때, 뭔가 다른 일이 일어났다. 마치 내 머리 속에서 테이프가 돌고 있는 것 같았다. "이 모든 것을 믿을 수가 없다—유니폼을 입은, 서로를 소령이나 대령이라고 부르는 남녀들이 악대를 연주하며 의기양양하게 나아가고 있다." 나의 감정은 구세군을 위한 계획을 가지신 하나님의 마음에 집중하여 한 방향으로 가고 있었지만, 나의 생각은 좀 다른 곳에 가 있었다. 이 두 가지로 양분된 상황에 직면하여, 나는 주님께서 이렇게 말씀하시는 것 같았다. "네 의견은 아주 고맙게 생각하고 있다, 제럴드야. 당분간은 그 의견을 필요로 하지 않을 뿐이란다."

그날 밤 순서를 마칠 때가 되어, 여러 명의 장교들이 눈물을 흘리며 내게 와서 물었다. "하나님께서 정말 저희에게 다시 기회를 주실 것이라 생각하십니까?" 나는 그들의 반응에 놀라고 또 겸손해졌음을 고백한다. 그들이 나의 예언을 받아들이기는커녕 이해하기나 할는지 확신조차 할 수 없었기 때문이었다.

2년 후에 나는 구세군 전도 집회에서 설교해 달라는 초대를 받아들였다. 마이클 그린이 300명의 장교와 또 훈련 중에 있는 사람들을 향해 훌륭한 설교를 했다. 그는 선교에 관해—동기, 방법, 유연성 등에 대해 말했다. 나는 토요일 저녁에 설교하게 되어 있었는데 그때 기대하는 분위기가 믿을 수가 없을 정도로 대단해서, 존 데인저필드가 날 소개하고 말을 시작할 때 정말 떨렸음을 고백한다. 주님께서는 말하는 자나 듣는 자들에게 큰 은혜를 내려 주셨고, 그래서 나는 모든 장교들로 다 앞으로 나와 설교단 앞에 서 달라고 요청했다.

나는 예루살렘으로부터 올리브유(油)를 전달받은 게 있었는데, 구세군 안의 하나님의 새 비전을 위해 이 장교들에게 기름을 붓는 것이 어떤가 하고 마이클 그린에게 제안했다. 그들이 앞에 서자, 마이클과 나는 올리브유를 들고 한 사람 한 사람에게 부어 주고, 간단한 말과 기도를 해 주었다. 두세 사람이 울기 시작했으나 아직 뒤에 그대로 의자에 앉아 있던 대다수의 사람들에게 있어서는 아직은 꽤 조용한 시간이었다. 피아니스트가 조용히 음악을 연주했으나 설교단 위에는 아무도 없었고, 집회 자체에서는 아무런 목회도 일어나지 않았다. 마이클과 내가 조용히 줄을 따라가며 움직이는 동안 그 남녀들은 앉아서 등밖에 안 보이는 그 줄을 보고 있었다. 갑자기, 아무런 경고도 없이 그들 중 한 남자가 몸을 흔들며 의자 위에서 마구 뛰었다. 다른 사람들은 무릎을 꿇고 앉았고, 어떤 사람들은 하나님의 영에 압도당해서 미소를 짓기 시작하더니 웃었다. 마이클과 내가 돌아다니면서 사람들을 돌보는 동안—몇몇은 앉았고 몇몇은 서 있었으며 아예 의식이 없이 바닥에 쓰러져 있는 사람들도 있었다. 우리는 뭔가 아주 놀라운 일이 일어나고 있다는 것을 깨달았다.

18세 된 젊은이가 내 요청에 의해 피아니스트를 위해 기도했다. 그 사람은 성령에 의해 아주 압도되어 버려서 건반 위에 놓였던 손가락이 미끄러져 내려왔으며, 곧 딛고 있던 발판으로 쿵 떨어지더니 의식이 반쯤 희미해진 채로 마루에 쓰러졌다. 그런 다음 그는 웃기 시작했다. 그 18세 젊은이는 자기 손바닥을 내려다보고는, 바닥에 쓰러져 웃고 있는 피아니스트를 보았다. 그의 어리둥절한 시선이 이리 저리로 움직였다. 하나님께서 자신을 사용하셨다는 사실에 매료되고도 또 당황했던 것이다!

많은 장교들이 그날 밤에 대해 말했다 : "우리 평생에 그런 것들은 정말 본 적이 없습니다." 하지만 캐서린 브람웰 부스(Catherine Bramwell Booth)는 저서 '메아리와 추억들(Echoes and Memories)'에서 이렇게 쓰고 있다.

평생 동안 나는, 상당한 의혹을 가지고 있긴 했지만, 때때로 몸짓 표현이라고 말해지는 것에 관심이 있었다. 하나님을 위한 일에 반응하는 초기 시절부터 나는 그 모든 표현들에 접근해 보았다. 적대적인 마음이 아닌, 확실히 의도적으로 주의 깊은 마음으로 그렇게 했다. 나는 초자연적이라고 단언하는 것은 어떤 것이든, 의심을 뛰어넘는 뭔가 진정한 것이 있어야 한다고 항상 느껴 왔다. 그럼에도 불구하고, 나는 그런 느낌을 받았다. 특히 구세군에 관해서—의심할 여지없이 우리에 의해 증명된

이 외면적인 표명들, 그리고 종교사의 여러 시대에 기록된 것과 비슷한 것들을 위한 자리가 있다는 것이다.

1878년 1월 16일의 일기에 나타난 실례를 들며 캐서린은 이렇게 적었다.

성령의 능력이 로빈슨을 넘어뜨리고 그를 엎드리게 했다. 그러나 그는 거의 두 번이나 기절했다. 블랜즈 형제가 완전한 자유의 상태로 들어왔고, 곧 그는 소리지르고 울고 박수를 치고 춤을 추며 가장 영광스럽고 천국을 향한 열광주의를 보여 주었다. 그 동안 다른 사람들은 바닥에 엎드려 있기도 하고, 몇몇은 그 완전한 해방감에 크게 신음하고 있었다.

그녀는 그 장을 이렇게 결론짓고 있다.

초기에 미국에서 우리는, 그들이 일반적으로 극단적인 기쁨의 형태를 취한다는 것을 제외하고는 다소 비슷한 체험에 대한 기록을 가지고 있었다. 유럽에서의 엎드리기와 무아지경의 상태, 또 그 비슷한 것들의 특징 중 하나는 바로, 언제나 그 사건을 표시해 주는 엄숙함이다···. 이 성령의 표명과 전말 일어난 일을 알고 있는 사람 중 아무도 도전할 수 없는 현실 안에서, 그곳에는 노래로서 표현되는 강렬한 기쁨이 동반되었고 때로는 춤을 추는 경향이나 또는 황홀경에 잠겨서 오랜 시간을 그대로 있는 경우도 있었다.

얼마 전에 구세군에 있는 장교들 중의 한 명이 내게 편지를 써서 이렇게 말해 주었다. "그 토요일 밤의 집회는 '구세군의 역사에 한 전환점'이 되었습니다."

올려다보고 손을 내뻗어라

1994년 여름 나는 브라인 존스(Bryn Jones)가 이끄는 새 언약 교회(New Covenant Ministries) 연계 교회의 장로분들에게 말씀을 전하러 초대받았다. 1976년에 일어난 새 교회(가정 교회) 안에서의 커다란 불화는 앤드류 워커 박사(Dr Andrew Walker)의 저서 '왕국의 회복(Restoring the Kingdom)' 안에 잘 정리가 되어 있다. 10년 동안 그곳에는 화해의 움직임이 있었지만, 사실 말하자면 그것은 단순히, 계속되던 적대감과 소문 퍼뜨리기 등이 크게 소멸되고 있음을 의미하는 것이었다. 확실한 회개와 화목함의 표현은 거의 없었다. 그래서 브라인과 그와 함께 하는 지도자들에게 설교하라는 초대장을 얻는 것은 몇몇 사람들 생각에는 결코 작은 기적이 아니었다. 내가 이 나라를 복음으로 연결하고자 하는 비전을 나눌 때 주님께서는 큰 은혜를 내려 주셨다. 질문과 대답을 하는 도움되는 시간이 있었으며, 그런 후에 나는 로드니 하워드-브라운과 토론토에서 있었던 체험, 그리고 그 나라(캐나다)의 여러 지방의 교회에서 있었던 일들을 통해서 하나님께서 하신 일을 나누기 시작했다.

끝날 때쯤 우리는 기도하기로 작정했고, 나를 놀라 물러서게 만든 점점 세어지는 찬양과 기도가 있었다. 몇 분 안에 그곳은 성령에 취해 바닥에 넘어진 사람들, 우는 사람, 웃는 사람들로 찼다. 한 젊은이는 거의 집회에 있는 것 같지도 않았고 영향을 받지 못하는 것 같았다. 나는 그쪽으로 가서 그와 함께 기도했다. 몇 분 지나지 않아 그는 온 몸을 떨며 거의 발작하듯이 울었다. 몇 분이 더 지나자 그는 완전히 성령에 취해 의자에서 떨어졌다. 다음 주 목요일에 나는, 그가 그날 밤 집으로 돌아가 네 명을 그리스도께 인도했으며, 목요일이 되어서는 열 한 명을 전도했다는 이야기를 들었다.

어떤 교회 지도자는 자기 마을로 돌아가서 무슨 일이 일어났던가를 교회 사람들에게 설명해 주고, 하나님을 기다리는 시간을 가져 그들도 또한 성령의 임재를 경험했다고 했다. 이것은 상당한 크기의, 강하고 굳건한 교회이다. 다음날 상급반 학생 중 한 명이 돌아와서 아버지에게 성경책 네 권을 달라고 했다. 이유를 묻자 딸아이는 대답하기를, 친구 네 명을 예수님께 인도했다는 것이다! 다소 놀라워하며 아버지는 무슨 일이 일어났는가고 물었다. 그 소녀는 (화장실에서) 친구들에게 어제 교회에서 일어났던 일들을 얘기해 주었고, 그들이 바닥에 쓰러졌다는 것이다! 결과는, 이 아이들이 다음날 '예수님을 다시 뵙게 해 달라'고 요청했다고 했다.

어느 날 밤, 한 여인은 남편을 일으켜 세웠다. "하나님께

서 말씀하고 계셔요. 당신은 지금까지 뭐였어요? 하나님께
서 당신에게 회개하라고 말씀하고 계시잖아요."

그녀의 남편은 최근에 간통죄를 저지르고 아내에게 숨기
고 있었던 것으로 나타났다. 즉시 죄의 고백이 있었고 그 가
족은 이제 모든 암시와 결과를 통해 도움을 받고 있다. 이것
은 우리 파이오니어 교회들 중 한 곳에서 일어난 일이다.

파이오니어 연계 교회 중 하나의 지도자는 내게 오더니
10년도 더 전에 일어난 성적인 방종에 대해 고백을 했다.
그 죄는 10년 전에 한두 사람의 성숙한 성도들에게 고백이
되었고 회개도 했으며 그 이후로 다시 문제가 된 적이 없었
다. 그런데 왜 그걸 다시 끄집어내는 것인가?

"하나님 앞이기 때문이지요. 나는 당신에게서 이 사실을
더 이상 숨길 수가 없습니다." 그 지도자는 말했다. 이것은
그 교회 지도자 자리를 더욱 개방적인 분위기로 바꾸어 놓
았다. 그 사람은 내게 말했다. "정말 내 평생 처음으로 깨끗
함을 느낍니다. 정말 개운해요!"

이것들은 하나님의 진짜 활동하심의 표징이다. 유명한 신
앙부흥운동가 무디(D.L. Moody)는 이렇게 말했다. "나는
오순절이 한 표본이 되는 날이었다고 믿는다. 나는 교회가,
오순절은 이제 다시는 되풀이되지 않는 기적의 날이었다고
믿는 비통한 실수를 저지르고 있다고 생각한다." 그 날에 3
천 명이 그리스도께로 돌아왔다. 아무리 하나님의 활동하심
과 성령 부으심과 신선하게 하심이 있어도 그게 잃어버린

자들에게 닿지 않는 것은, 하나님께서 잘못하셨다는 의미가 아니다. 그것보다는 우리가, 이기적이고 방종하며 두려움의 길에 빠진 우리가 잃어버린 자들에 대한 사랑 없이 그 축복을 우리 것으로 해 버렸다는 의미인 것이다.

디트리히 본회퍼는 이렇게 말했다. "타인을 위한 교회가 아니라면 그것은 교회랄 것도 없다."

그러나 부흥이란 격렬한 것이다. 죄의 고백, 화해, 치유와 기적적인 중재의 이야기들은 믿을 만한 참조가 되는 이야기를 무시하는 분위기를 만들어 낼 수 있다. 우리는 아담이 죄를 지었을 때 낙원에 있었다는 사실을 잊어서는 안 된다. 하와가 뱀에게 속았을 때도 그녀는 낙원에 있었다. 우리는 마귀도 한때는 하나님을 경배했으며 그분을 찬양하고 능력과 영향력의 권좌에 있었던 노련한 음악가였음을 잊어서는 안 된다. 오늘날 그가 하고 있는 일을 보라! 그는 잃어버린 영혼을 그대로 놔두려고 애를 쓰고 있다.

그러나 이적과 표적을 동반한 복음의 선포—일대일의 대화 가운데 복음의 진리를 알리는 것 – 는 전 세계가 지금까지 본 가장 커다란 추수를 이끌어 내고 있다. 매일 수십만 명의 사람들이 그리스도께 돌아오고, 그들 대부분은 믿음과 이적과 표적의 분위기를 체험한 사람들인 것이다.

궁금해하는 자

표징은 표징보다 더한 어떤 것을 가리키기 위한 것이다.

초자연적인 명령의 표징은 사람들로 궁금해하도록 만든다. 그것은 예수님의 사역과 신약 성경 전체를 통해 일어난다. 그러나 그리스도인들은 궁금해하도록 되어 있는 사람들이 아니다! 우리는 무슨 일이 일어나는 가에 대한 어떤 생각을 갖게끔 되어 있는 것이다.

호세아는 '그의 나오심은 새벽빛같이 일정하니 비와 같이, 땅을 적시는 늦은 비와 같이 우리에게 임하시리라'(호 6 : 3)라고 예언을 했다. 아마도 호세아는 그 생각을 모세에게서 따온 것 같다(예언자가 예언자를 해명하는 것인가?). 모세의 말을 보라. '여호와께서 너희 땅에 이른 비, 늦은 비를 적당한 때에 내리시리니 너희가 곡식과 포도주와 기름을 얻을 것이요'(신 11 : 14)

하나님의 백성들이 언약의 땅으로 들어갔을 때 모세는 이 이른 비와 늦은 비에 대해 말했다 : 그것은 씨뿌리기 위한 봄비와 거두기 위한 가을비였다.

우리는 지금 거두는 시기에 와 있는 것이다. 추수할 때이다!

베드로가 오순절에 서서 '이는 곧 선지자 요엘로 말씀하신 것이니'(행 2 : 16)라고 설명했을 때 그 문자적인 번역은 '이것은 선지자 요엘에 의해 말해진 것의 처음이니'라고 지적할 수 있다. 그 날에 3천 명이 개종을 했고 그리스도를 따르게 되었다. 오늘날 복음이 전해지고 열방이 기도에 흠뻑 잠기게 됨에 따라 전 세계에 엄청난 성령의 부으심이 일어나고 있다.

궁지에 빠져서

서구에서 우리는 칼 마르크스의 사회학적 분석학, 프리드리히 니체의 철학, 지그문트 프로이드의 심리학, 찰스 다윈의 생물학과 함께 살아왔다. 누군가 이렇게 말했다. "이것들로 당신들은 우리를 궁지에 빠뜨렸지요!"

지금은 교회로 하여금 그 미래를 준비하게끔 하는 새로운 성령의 때이다. 여러분이 하나님이라면 여러분은 원하는 곳이라면 어디서든지 일할 수 있겠으나, 하나님께서는 당신 자신이 가장 잘 영접을 받는 곳에서, 당신의 말씀이 선포되는 곳에서, 섬김의 마음이 있는 곳에서, 말씀만큼이나 성령님에게도 마음을 열어 놓고 있는 곳에서 일하시는 것 같다.

오래된 금언이 이 상황을 꽤 잘 요약해 준다 :

성령이 없는 말씀은 여러분을 메마르게 할 것이다.
말씀이 없는 성령은 여러분을 지치게 할 것이다.
성령과 말씀이 함께 할 때 여러분은 성장하게 될 것이다.

우리의 미래는 여기서 시작된다. 여러분이 지금 막 읽은 것은 이미 과거가 되었다. 미래는 여기서 시작하는 것이다. 우리는 우리 자신을 성령의 홍수에 맡길 필요가 있다. 그분의 사랑하심과 선하심 안에 들어갈 필요가 있는 것이다. 마음의 변화를 일으키는 것은 바로 하나님의 선하심과 인자하심이다.

그러나 우리가 겸손하게 물어 보아야 할 문제가 몇 가지 있다.

1994년 6월 25일에 176개 국가에서 천만 명의 그리스도인들이 이 지구는 하나님의 것이며 그 안에 있는 모든 것도 그분의 것이라고 선포하기 위해 거리로 나섰다. 집과 교회 건물로부터 나오는 이들, 그리스도를 위해서 공개적으로 기꺼이 그리스도인이라 칭함을 받는 이들─그들의 복음을 전하기 위해서 삶과 의사 소통, 설교 그리고 가르침을 모두 사용하는 이들이 바로 그리스도인들이다.

천사들은 아마, 우리의 창조자와 구세주를 위해 지구를 돌며 함께 서서 함께 행진하는 수백만 명의 거주자들로 가득 찬 지구를 한 번도 못 보았을 것이다. 정말 꼭 있어야 하는 광경이었다!

그러면 이제 미래는 얼마나 남은 것인가? 말세라고 하지만 지금은 말세의 말세가 아닌가? 커다란 질문이 아닐 수 없다.

우리는 과거를 소중히 여겨야 한다. 그러나 그 과거에 파묻혀 살 필요는 없는 것이다!

8. 당면한 문제 ─────────────

잔디를 정돈하는 데 신경 쓰느라 불타는 떨기나무 덤불
은 무시하고 있지 않은가?

　　　　　　　　　　　　　　　　　　　작자 미상

　그러면 문제는 무엇인가? 나는 부흥이라고 하고 싶다!

　여러분을 궁금하게 만들 표적 하나가 있다. 우리가 확신
할 수 있는 한 가지는, 표적과 이적이 있는 곳에는 어디나
'비평이 따라붙을' 것이라는 사실이다! 예수께서 병자들을
고치실 때, 이적을 행하시거나 변화되지 못하고 그저 현상
유지되던 것들에 도전하실 때 바리새인들이 꼭 어디선가
슬그머니 나타나는 것을 우리는 일찌기 보았다. 여러분이
그리 유용하지 못해도 해를 거듭할수록 성직자의 의무를
아주 열심히 계속 수행해 보라. 그러면 여러분은 약간의 흥
미조차도 끌 수가 없게 될 것이나. 그러나 교회를 채우고,
사람들로 하여금 웃고 울고 회개하며 화목하게 하고 바닥
에 사람들을 넘어지게 하라. 그리고 바리새인들같이 되지
말라!

　문제는, 서구에서 해를 거듭해 갈수록 산 사람으로는 부

흥을 체험해 본 이가 사실상 아무도 남지 않았다는 것이다. 20세기 들어서 웨일즈의 부흥은 몇 만의 사람들을 하나님의 나라로 이끌어 들였다. 그 부흥은 1904년 말에는 한참 진행 중이었고 1908년 말쯤 되어서는 불길이 거의 꺼져 희미한 불꽃밖에는 남지 않았다. 많은 축복의 기억들과 놀라운 간 증들이 있었으나 거의가 예언적이라기보다는 향수에 가까 웠다.

격리되긴 했지만 짧은 부흥의 순간들이 많이 있었다. 가 장 두드러졌던 것은 아마도 1940년대 후반과 50년대 초반에 헤브리디즈 군도의 루이스 섬의 경우라 할 수 있을 것이다. 그러나 그것들은 너무나 미미했고 또 너무 멀었다.

오늘날 서방 세계 이곳 저곳에서의 그리스도인들 모임 안에서는 '웃음'이 가장 큰 관심거리이나, 부흥에는 또 다른 요소가 있다.

두려움이라는 요소

수천 명의 사람들이 예루살렘에서 개종을 했으며, 그중 많은 이들이 예수 그리스도의 복음을 간직하고 집으로 돌 아갔다. 놀라운 치유의 은사가 일어났다. 관대의 영(이것을 감히 유쾌함이라고 말할 수 있을까?)이 초기 교회를 대표하 였다. '그 중에 핍절한 사람이 없으니 이는 밭과 집 있는 자 는 팔아 그 판 것의 값을 가져다가 사도들의 발 앞에 두매 저희가 각 사람의 필요를 따라 나눠 줌이러라'(행 4 : 34 -

35)

그러나 그 구제의, 관대한, 즐거운 부흥의 상황에서 한 커플이 재산을 팔아 진짜 가지고 있는 돈보다 덜 갖고 있는 것처럼 사람들을 속였다. 그 둘에게 죽음이라는 벌을 선언한 것은 사도 베드로였다(단순히 하늘의 심판만이 아니었다). 나는 사람들이 종종 이런 말을 하는 것을 듣는다. "신약 성경에 나오는 초대 교회로 돌아갈 수만 있다면!" 개인적으로 고백하자면 나는 그러고 싶지 않다. (앞장에서 본 것처럼) 미래를 생각해 보면 아나니아와 그 아내 삽비라의 미래는 얼마 못 살게 되어 있었던 것이다. 결과는 어떠했는가? '온 교회와 이 일을 듣는 사람들이 다 크게 두려워하니라'(행 5:11)

천사가 나타날 때면 그들이 언제나 먼저 꺼내는 말씀은 바로 '두려워 말라'였다. 십자가에 못 박히신 후에 처음 제자들에게 나타나신 예수님께서 처음 하신 말씀도 '두려워 말라'였다. 하나님의 은혜를 악용한 교회에는 '커다란 공포'가 있었다. 왜 그랬는가? 그들은 두려워했기 때문이다! 거룩한 기쁨은 거룩한 삶과 병행될 때만이 거룩할 수 있는 것이다. 나는 거의 변화가 없는 완벽주의를 의미하는 것은 아니다. 왜냐하면 내가 다른 곳에도 이미 썼듯이, 우리가 거듭나게 되면 죄란 필연성이 아니라 가능성이 되기 때문이다. 그러나 그것이 가능성이라는 것을 알고서, 하나님께서는 모든 것을 제공해 주셔서 우리로 하여금 돌이키도록(회개하도록), 고백하고 용서와 하나님의 임재를 받아들이도록 허락하셨다.

거룩함은 겸손함과 관련이 있다. 하나님을 섬기고 우리 의지가 아닌 그분의 뜻이 추구되어야 함을 확신하는, 의식 있는 상태가 되는 것이다. 그것은 또한 성경이 가르치는 대로 하나님과 사람에게 우리 죄와 잘못을 고백하는 것을 의미한다. 우리가 삶의 평범한 의무를 완수하고, 섬김과 관계 안에서 자투리 거리를 가고, 중요하게, 우리가 뭔가 잘못했을 때 그것을 인정하는 것에 관심이 있는 것은 바로, 우리가 하나님에게서 떨어져 나와 있기 때문인 것이다.

바로 그 점에서 아나니아와 삽비라는 잘못 나간 것이다. 이것은 고의가 아닌 둔감함이나 어리석음의 순간이 아니었다. 그것은 계획적인 것이었던 것이다. 하나님의 성령이 활동하실 때마다, 재미가 충족되는 표징이 무엇이든 간에 그곳에는 우리의 나머지 행동을 수반하는 진지함이 있는 것이다.

데이빗 브레이너드(David Brainerd)는 18세기 북아메리카의 인디언들 사이에서 두드러진 부흥을 볼 수 있었다. 그가 쓴 일기 중에서 인용해 본다 :

그날 밤 주님께서는 기도하는 가운데 놀랍게 나를 찾아오셨다. 나는 내 영혼이 그렇게 괴로웠던 적이 없었다고 생각한다. 나는 자제할 수가 없었다. 하나님의 은총이라는 보물이 내 앞에 열려 있었다. 나는 함께 있지 않은 친구들을 위해, 먼 곳에 흩어져 있는 많은 하나님의 자녀들, 그 영혼들을 모으기 위해 힘써 기도했다. 나는 그런 괴로움 속에 약 30분 가량을 있었다. 밤이 깊어 갔고 나는 땀으로 흠뻑 젖었다. 그러나 난 그날 전부를 아무 일도 하지 않은 채 그러고 있었던 것 같이 느껴졌다. 오, 나의 사랑하는 예수님께서는 우리 영혼들을 위하여 피 흘리지 않으셨는가! 난 그들을 향한 더욱 깊은 연민을 갈망한다.

두려움과 연민은 진정한 부흥의 특징인 듯 하다.

부흥 일기

나는 현재 런던의 웨스트민스터에서 약 18마일 떨어진 서리 주의 이셔에 살고 있다. 내가 40년간을 살아온 고향은 여기서 차로 5분 거리이다. 내 고향에서 일어난 마지막 부흥은 1860년 전후에 있었다. 새뮤얼 웨슬리 브래드낵(Samuel Wesley Bradnack)은, 요즘도 남아 있는 한 창고 안에서 있었던 한 모임에 대해 감리교 기록부(Methodist Recorder)에서 적고 있다.

이제 식당은 어땠는지 보도록 하지. 채플 안에는 빈자리가 없었고, 식당 안에는 설자리조차 없었다. 지금은 9시이다. 어른 회중은 해산했지만 아이들은 내보낼 수가 없다. 그들은 자비를 애타게 구하고 있으니까. 가장 중요한 아이는, 그 동안 무서운 주정뱅이였던 열 여섯 살짜리이다. 확인할 수 있는 수만 세어

보니, 그와 다른 열 두 명의 아이들이 지난 저녁에 하나님 안에
서 평화를 찾았다.

웨슬레와 휫필드가 활동하던 시대 이래로 가장 큰 복음
주의 각성 운동 시기 중에, 1859년에 부흥의 물결은 애틀랜
틱에서 얼스터까지 횡단을 했다. 개종자들 중에는 탐 버나
도(Tom Barnardo) 박사, 제임스 칼머스(James Chalmers),
휴 프라이스 - 휴즈(Hugh Price - Hughes), 그리고 케스윅
컨벤션의 에반 홉킨스(Evan Hopkins)가 있었다. 이 그룹에
서 어린이특수선교회(Children's Special Service Mission)
—지금의 성경 협회—와 구세군, 그리고 중국내륙선교회
(China Inland Mission)가 자라났다. 7년만에 영국 감리교
신자는 2십만 명으로 늘어났다!
웨슬레와 휫필드는 성령의 표징에 아주 익숙해 있었다.
1739년 1월 1일, 3시경에 페터 레인 채플에서의 일을 웨슬
레 형제와 휫필드, 그리고 네 명의 동료들은 다음과 같이
설명했다 :

하나님의 권능이 거세게 우리 위에 임하셨고, 그로 인해 많은
사람들이 넘치는 기쁨에 소리를 지르고 바닥에 쓰러지기도 했
다. 왕이신 그분의 위엄 앞에 경외함과 놀라움을 드리고 곧 우
리는 한 목소리로 이렇게 소리쳤다. "당신을 찬양합니다. 오,
하나님. 우리는 당신을 주님으로 맞아들입니다 · · · "

그 비슷한 시간에 노댐프턴에서 조나단 에드워즈는 이렇게 썼다.

절규나 기절, 발작, 그리고 그 비슷한 것들을 고민과, 또한 존경과 기쁨을 가지고 보는 것은 매우 자주 있는 일이다. 모임을 밤새도록 개최하는 것은 여기서는 예의가 아니며, 밤늦게까지 계속하는 것도 보통 일은 아니다. 하지만 하도 자주 그런 일이 있으므로 아주 충만케 된 사람들이 몇몇 있고, 그들의 몸은 너무나 녹초가 되어 집에 가지 못하고 밤을 꼬박 지새게 되는 일이 있었다. (조나단 에드워즈, An Account of the Revival of Religion in Northampton p.40 - 42)

영민한 복음주의자 스펄전은 이렇게 말했다. "부흥이란 영광스런 무질서의 계절을 뜻하는 것이다."
1741년에 '하나님의 영의 활동하심을 나타내는 뚜렷한 표적'에서 조나단 에드워즈는 '성경에 나와 있는 뚜렷한 부흥의 증거 다섯 가지'에 대해 썼다.

1. 그 지역 사회 안에서 예수님에 대한 경외심을 높여 준다.
2. 사탄의 나라에 맞서 싸운다.
3. 성경에 대한 관심을 더욱 자극한다.
4. 진리의 영에 의해 표명된다.
5. 다시 새로워진 하나님의 사랑과 인간의 사랑에 의해 나타난다.

물론 모든 부흥은 그에 따른 비평을 받는다. 그런 비평을 해대는 사람들은 대부분이 이런 일을 하시는 하나님을 이해하지 못하는 교회 사람들이다. 마틴 로이드 존스 박사는 이렇게 썼다.

왜 마귀는 갑자기 이런 종류의 일을 벌여야 하는가? 여기 바싹 마르고 가뭄이 든 때의 교회가 있다. 왜 마귀는 갑자기 종교와 예수 그리스도에게 관심을 집중하게 하는 일을 하는 것인가? 내가 생각해 온 부흥의 결과는 이 마귀의 활동할 가능성을 완전히 제외한 것이다. 만약 이것이 마귀의 활동이라면, 그러면, 그 마귀는 말할 수도 없는 바보인 것이다. 그는 자신의 왕국을 스스로 분열시키고 있다. 그는 하나님의 나라를 키워 주고 있는 것이다. 이것이 마귀의 활동이라고 말하는 것처럼 어리석은 말은 없다.

그는 다른 저작에서 이렇게도 썼다.

부흥의 현상은 주로 자아를 드러내는 것으로 시작된다는 것이 거의 규칙인 것 같다 ··· 때때로 사람들은 성령의 능력이 강하여 그들이 기절하고 바닥에 쓰러진다고 느낀다. 가끔씩은 발작, 육체적인 발작이 있기까지 한다. 또 가끔씩은 사람들은 거의 의식 없음의 상태로, 무아지경의 상태까지 들어가서 또 많은 이들이 몇 시간 동안 그런 상태로 남아 있기도 한다 ··· 이런 현상들은 부흥에 필수적인 것은 아니다 ··· 그러나 포괄적으로 보아, 그것들은 부흥이 있는 곳에는 있기 마련이라고 말하는 것이 사실일 것이다.

웨슬레가 한 말을 보라. "만약 반대의 말이 없는 부흥을 이루게 되면 우리는 다시 한 번 보아서 그게 부흥이라는 것을 확신하는 것이 좋다. 아니 땐 굴뚝에 연기 안 나듯이 부흥의 시기가 되면 나타나는 게 있는 법이니까 말이다."

그는 이렇게도 기도했다. "주님, 저희에게 결함이 없는 부흥을 이루게 하옵소서. 그게 가능하지 않다면 결함도 주시고 부흥도 더욱 주옵소서." 조심스러운 사람들은 표징의 열매를 평가해 볼 것이다. 현명한 사람들은 기뻐할 만한 것을 두고 기뻐할 것이나 모든 현상들을 하나님께 돌리는 데는 주춤할 것이다. 우리는 기뻐하는 것도 조심조심 기뻐하면서 살아가야 하는 것인가?

성령의 부흥

우리 몸은 아직 거듭나지 못했다! 우리의 애정과 감정은 성령에 의해 감동 받을 수도 있고 다른 영, 혹은 육체적인 동기에 의하여 동기 주입이 될 수도 있다.

미국에서 가장 큰 성령 충만을 받은 한 경우는 경쟁을 통해서 방해를 받았다고 한다. 그곳에는 많은 교회들과 영적인 활동을 하는 기관들, 그리스도의 임하심, 그리고 놀라운 현상 등이 있었다. 수가 늘었고, 복음은 전파되었으며 많은 영혼이 구원받았다. 그러나 얼마 가지 못해서 경쟁심이 사람들로 하여금 기관과 기관, 교회와 교회, 표징과 표징을 비교하도록 만들어 버렸다. 이쪽 저쪽에서 공격을 하고 또 반박을 해 가며, 이곳의 활동이 더 심오하고 더 풍요하고 더욱 의미 있고 더 거룩하고 더 활동적이라고 하며 싸웠다. 성령께서는 슬퍼하시며 물러나셨다.

아마도 이것이, 좋은 것과 나쁜 것, 성령과 육적인 것, 하나님의 역사와 마귀의 역사 한가운데에서 우리가 성경으로 돌아가야 하는가의 이유가 될 것이다 :

새 계명을 너희에게 주노니 서로 사랑하라 내가 너희를 사랑한 것같이 너희도 서로 사랑하라(요 13 : 34)

이러므로 그리스도께서 우리를 받아 하나님께 영광을 돌리심과 같이 너희도 서로 받으라(롬 15 : 7)

서로 인자하게 하며 불쌍히 여기며 서로 용서하기를 하나님이 그리스도 안에서 너희를 용서하심과 같이 하라(엡 4 : 32)

믿음으로 말미암아 그리스도께서 너희 마음에 계시게 하옵시고 너희가 사랑 가운데서 뿌리가 박히고 터가 굳어져서 능히 모든 성도와 함께 지식에 넘치는 그리스도의 사랑을 알아 그 넓이와 길이와 높이와 깊이가 어떠함을 깨달아 하나님의 모든 충만하신 것으로 너희에게 충만하게 하시기를 구하노라(엡 3 : 17 - 19)

이 잘 알려진 말씀은 바울이 에베소 교회를 위해 한 '그의 성령으로 말미암아 너희 속 사람을 능력으로 강건하게 하옵시며'라는 기도에 뒤따르는 말씀이다. 그러나 그것은 행위의 능력이 아니다 - 그것은 존재의 능력이다. 이것은 사랑 안에서 뿌리박고 세워져서, 우리가 친구들이나 원수들과 맺고 있는 모든 관계에 영향을 미치고 치명적인 타격으로 다가오는 경쟁심을 다루는 능력인 것이다. 우리는 종들일 뿐이다. 책임자의 자리에 있는 사람들은 자신들이 '섬기는 지도자'가 아니라 '이끄는 종'임을 절대 잊지 말아야 한다.

하나님께서 우리의 앞날을 이끄심에 따라 놀라운 일과, 친숙한 표시와 책임과 위임하신 사명과 함께 오는 예상할 수 있는 평범한 일들도 있을 것이다. 그러나 우리는 부흥의 시기를 살고 있다는 특권을 가지고 있으므로(나는 그렇게 믿고 있다), 이 '순간'이라는 삶을 앞으로의 전망으로 바꾸어야 한다. 그것이 우리의 영원한 운명을 결정지을 것이다.

사랑할 수 있을 때 힘껏 사랑하세요

정지홍 지음 / 박아영 그림 / 5,000원

이젠 머뭇거릴 시간이 없습니다!

사랑하기에도 너무 짧은 시간이기에 사랑하는 이에게 꽃 한송이도 건네지 못하고 획- 지나가 버릴 수가 있습니다.

어느새 의무가 되어버린 사랑의 권리를 행사하기 위하여 사랑할 수 있을 때 힘껏 사랑하세요. - 본문 중에서

"사랑해요"라고 말하세요

정지홍 지음 / 박아영 그림 / 5,000원

"사랑해요"라고 말하세요.

이 짧은 말 한마디가 온세상을 행복하게 한답니다. 이 말은 매우 값진 말입니다. 바라볼수록 사랑하게 만듭니다. 어제 보았는데 오늘 또 보고 싶습니다. 아마 사랑은 보고 싶은 것인가 봅니다.

오늘, "사랑해요"라고 말하세요.

사랑이 살아가는 이유였습니다

톨스토이 지음 / 박아영 그림 / 5,000원

**사랑의 마음으로 가득차 있는 사람,
하나님은 그 사람 속에 계십니다.**

인간에게는 다만 자신의 일만을 생각하면서 살아가고 있는 것처럼 여겨질 뿐이지만, 실제로 인간은 오직 사랑의 힘에 의해 살아가고 있음을 깨달은 거예요. . . . 왜냐하면 하나님은 사랑이시기 때문입니다.

거인과 꼬마

오스카와일드 지음 / 박아영 그림 / 5,000원

사랑은 분명 주는 행복이 더 큰 것입니다.

자기만 아는 거인과 꼬마의 아름다운 사랑을 통하여 우리는 많은 것을 배울 수 있습니다. 바로 사랑은 받는 것보다 주는 행복이 더 큰 것이라는 소중한 아름다움을 말입니다. 마음속의 높은 담을 허무는 감격을 찾으십시오.

ABBA COMMUNICATION VISION

하늘사다리는 이 땅에 하나님 나라의 확장을 위해 존재하며 천국의 소망을 이어주는 가교의 역할을 하고자 합니다. 사역의 비전은 예수문화를 중심으로 하는 출판, 광고, 디자인, 문구, 팬시, 음악, 이벤트, 유통 등으로 이를 아바 커뮤니케이션(ABBA COMMUNICATION)으로 통칭하여 펼치고자 합니다. 주님 오실 그날까지 하늘사다리는 주님을 외칠 것입니다.

당신의 사랑은 진실한 아름다움입니다

찰스 카우만 지음 / 208쪽 / 4,500원

오직 사랑과 청결과 축복을 나타내시며 미천한 자에게 손을 저어 물리치지 않으시며 거룩하지 못한 충동으로 가슴 두근거리신 적이 없으셨습니다. 짧은 글들로 이루어졌다고 해서 한번 읽고 덮어버리거나 단숨에 소설을 보듯이 읽는 책이 아니다. 그분의 사랑에 대한 감격을 단어 하나하나에 채색해 표현한 것이다. 그래서 한주제마다 그뜻을 내면 깊이 묵상하여야 하고 그분의 사랑이 전해올때면 거침없이 무릎을 꿇어야 한다. 많은 시간이 흐른 뒤에도 다시 책을 열어본다면 감격은 이내 살아날 것이다. 그러기에 이 책을 더더욱 권하고 싶다.

이젠 사랑할 시간만 남았습니다

정지홍 지음 / 176쪽 / 4,500원

우리가 만나는 시간 속에서 얼마나 기별을 약속할 지는 잘 모릅니다. 사랑하고 이해하기에도 턱없이 모자란 시간입니다. 한번 미워했다가는 수백 수천 시간의 사랑할 시간을 잃어버릴 것 같습니다. 또 내게는 사랑의 고통으로 아파하고 가슴시릴 시간이 없습니다. 사랑하고 그저 주기만 하기에도 시간을 쪼개야 할 형편입니다. 아무도 알아주지 않더라도 내 가슴의 모두를 내어주는 사랑을 하렵니다. 나에게 이젠 사랑할 시간만 남았습니다. - 본문중

청년이 없는 교회는 희망도 없다

김종철 지음 / 200쪽 / 4,800원

21세기 교회를 위한 제언. "이제 청년이 깨어나야 한다."
교회는 잠들지 않았는가? 교회는 점점 청년들을 잃고 있는 것은 아닌가? 아니면 교회의 청년들이 잠을 자고 있는 것인가? 이제 교회는 깨어나야 한다. 과거의 모습을 버리고 새롭게 단장해야 한다. 청년들의 낡은 사고방식을 버리고 깨어나야 한다. 이 책을 통해 더 나은 교회, 좀더 하나님의 뜻을 감당하고 청년들이 깨어있는 교회가 되길 바란다.

청년아 오늘 이교회가 그대를 부른다

안병렬 지음 / 240쪽 / 5,500원

열려진 마음, 그게 청년의 상징이다.

고착된 의식을 깨뜨리지 않고는 도저히 새 세계 새 역사를 펼치지 못하는 것이다. 청년이란 바로 이 고착되지 않은 의식을 가진 사람을 말하는 게 아닌가? 열려진 마음, 그게 청년의 상징이다. 이제 우리의 상투를 잘라야 한다. 청년이여, 혁명을 일으키라. 이 고착된 현실에 새바람을 일으키라.